日本語教員試験
まるわかりガイド

アルク日本語編集部 編

アルク

『日本語教員試験　まるわかりガイド』
目　次

第 1 章　登録日本語教員制度について知ろう！

第 2 章　試験別 対策問題

【筆記試験】

【聴解試験】

音声のダウンロードについて（無料）

本書では、「聴解試験」部分の音声を、パソコンまたはスマートフォンでダウンロードできます。

・パソコンで

https://portal-dlc.alc.co.jp
上記のURLで「アルク・ダウンロードセンター」にアクセスの上、商品コード「7024040」で検索し、画面の指示に従って音声ファイルをダウンロードしてください。

・スマートフォンで

QRコードから学習用アプリ「booco」をインストールの上、ホーム画面下の「さがす」から、商品コード「7024040」で検索し、音声ファイルをダウンロードしてください。

詳しくはこちら▶▶ https://booco.page.link/4zHd

第1章

登録日本語教員制度について
知ろう！

日本語教師は2024年から国家資格「登録日本語教員」となり、日本語教員試験がいよいよ始まります。この章では登録日本語教員や試験の詳細とともに、ここまで日本語教師が日本語教育の歴史の中でどのような役割を果たしてきたのかを振り返り、日本語教師の将来について考えてみましょう。

日本語教員試験＆登録日本語教員
これだけは押さえておこう

今こそ知りたい！
日本語教育と日本語教師の歴史

日本語教師のキャリアデザイン
〜これからの私の未来を描こう〜

日本語教員試験の背景

　2024年11月17日（日）に第1回日本語教員試験が行われることになりました。本試験の目的や位置付けををきちんと理解するために、まず試験の背景を押さえておきましょう。

　2019年「日本語教育の推進に関する法律（以下、日本語教育推進法）」が公布、施行されました。日本で生活する外国人が増加し、それに伴うさまざまな問題が議論される中で、日本語教育に関する国の基本方針が初めて示されました。この法律は、日本語教育に関する基本法と言ってもいいと思います。その基本理念は、第一に外国人等が**日本語教育を受ける機会の最大限の確保**、第二に**日本語教育の水準の維持向上**です。

　第一の理念に沿って、国や地方公共団体に日本語教育の推進に関する施策を策定・実施する**責務**があること（第4条、第5条）、外国人等を雇用する事業主には、その施策への協力とともに、雇用する外国人等およびその家族の日本語学習の機会提供・支援に対する努力義務が明記されました（第6条）。これまでも外国人住民が多く住んでいるような地方公共団体では積極的な日本語支援が行われてきましたが、自治体によって取り組みの程度はさまざまでした。外国人を雇用する企業の取り組みも同様でした。日本語教育推進法は、**国および全ての地方公共団体や外国人を雇用する事業主に対して、日本語教育への対応を求める**ことになりました。

　第二の理念が、日本語教員試験に直接関わるものになります。日本語教育の水準の維持向上のために、日本語教育推進法の検討事項（附則第二条関係）では、以下の項目について検討し、必要な措置を講ずるとしました。

1. 日本語教育を行う機関のうち**当該制度の対象となる機関の類型およびその範囲**
2. 外国人留学生の在留資格に基づく活動状況の把握に対する協力に係る日本語教育機関の責務の在り方

3. 日本語教育機関の水準の維持向上のための**評価制度**の在り方
4. 日本語教育機関における日本語教育に対する支援の適否およびその在り方

　世の中にはさまざまな日本語教育機関があります。日本語教育推進法により、法律の対象となる教育機関の範囲を定めるとともに、日本語教育機関を分類し、その分類ごとの教育機関の責務や評価基準を決める一方、それらの教育機関に対して支援をしていくことになりました。

　その後、有識者会議で検討が重ねられ、最終的には「日本語教育の適正かつ確実な実施を図るための日本語教育機関の認定等に関する法律(以下、**日本語教育機関認定法**)」として、具体化しました。日本語教育機関認定法は2024年4月に施行されました。

　この法律により、**これまで「告示校」と呼ばれていた日本語学校や新規校は、在留資格「留学」の学生を受け入れるために、認定日本語教育機関への登録手続きを進めています。**文部科学大臣の認定を受けた「認定日本語教育機関」の情報はインターネットなどを通して多言語で公表される予定です。日本語学習者は多くの日本語教育機関の中から「適正な日本語教育機関」であると認められた教育機関を選ぶことが可能になります。

　そして、**認定日本語教育機関では、日本語教員試験という国家試験に合格し、かつ実践研修を修了した人だけが文部科学大臣の登録を受け、登録日本語教員として日本語を教えることができる**ようになりました。これによって、日本語教育推進法の基本理念を実現することになります。

　もちろん、認定日本語教育機関にならない日本語教育機関もあります。
　認定日本語教育機関以外で日本語を教える場合は、登録日本語教員の資格は必要なく、よって日本語教員試験を受ける必要もありません。ただし、今後さまざまなキャリアパスや可能性を広げたいという日本語教師は、登録日本語教員になっておくほうがいいでしょう。今は、ある種のチャンスとも言えます。

資格取得の二つのルート

　登録日本語教員になるには大きく二つのルートがあります。**養成機関ルート**と**試験ルート**です。いずれも日本語教員試験を受験しなければならないのですが、ルートによって受験しなければならない試験の内容が変わりますので、注意しましょう。日本語教員試験は、基礎試験と応用試験に分かれます。

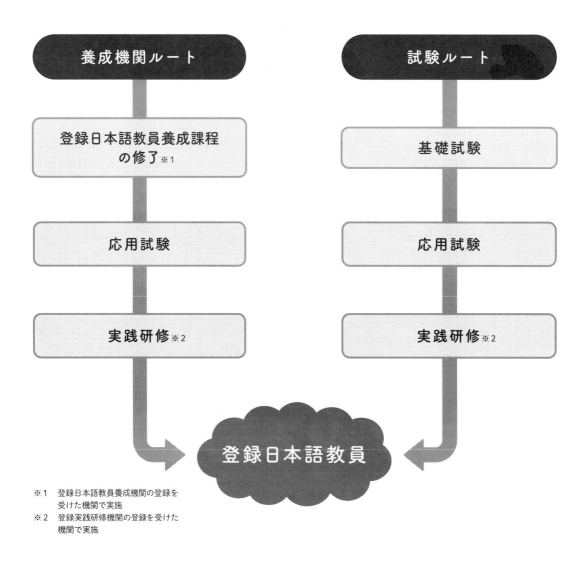

※1　登録日本語教員養成機関の登録を
　　　受けた機関で実施
※2　登録実践研修機関の登録を受けた
　　　機関で実施

　要するに、「登録日本語教員養成機関での課程修了」と「基礎試験」が、同じような位置付けになっています。登録日本語教員養成機関で時間とお金をかけてじっくり基礎から学んでから日本語教員試験にチャレンジしたいという人は養成機関ルートを、そのような時間とお金はかけたくない、その分自力で試験勉強を頑張るという人は試験ルートが向いていると言えるでしょう。

日本語教員試験の内容

　「日本語教員試験」は、日本語教育を行う者が必要な資質能力を有するかどうかを判定する試験です。日本語教育に関する専門的な教育を受け、第二言語として日本語を教える体系的な知識・技能を有し、認定日本語教育機関において、定められたプログラムに基づき日本語教育を行うために必要な知識および技能を有するかどうかを判定するものとされています。

　試験は、**基礎試験と応用試験**に分かれ、応用試験はさらに**聴解と読解**の二つに分かれます。それぞれの試験の出題内容・試験時間・出題数・出題形式・配点は、以下のようになっています。

【基礎試験】

出題内容：言語そのものや言語教育、世界や日本の社会と文化等、日本語教育を行うために必要となる「必須の教育内容」に含まれる基礎的な知識及び技能を有するかどうかを測定する試験。			
試験時間	120分	出題数	100問
出題形式	選択式	配点	1問1点（計100点）

【応用試験】

出題内容：出題範囲が複数の領域・区分にまたがる横断的な設問により、実際に日本語教育を行う際の現場対応や問題解決を行うことができる基礎的な知識及び技能を活用した問題解決能力を測定する試験。					
聴解	試験時間	50分	出題数	50問	110点
	出題形式	選択式	配点	1問1点	
読解	試験時間	100分	出題数	60問	
	出題形式	選択式	配点	1問1点	

第1回日本語教員試験要項

趣　旨：登録日本語教員として文部科学大臣の登録を受けるために合格することが必要な試験であり、日本語教育を行うために必要な知識及び技能を有するかどうかを判定するために行われる。

試験日：令和6年11月17日（日）

オンライン出願期間：令和6年8月1日（木）〜9月6日（金）

試験会場：北海道、東北、関東、中部、近畿、中四国、九州、沖縄

受験資格：年齢、学歴、国籍などの条件は不問

出題範囲：「登録日本語教員 実践研修・養成課程コアカリキュラム」（令和6年3月18日 中央教育審議会生涯学習分科会日本語教育部会決定）の養成課程コアカリキュラムにおける必須の教育内容から出題

出願方法：日本語教員試験システムによりオンラインで出願

合格基準：①基礎試験　必須の教育内容の5区分の各区分で6割、かつ総合得点で8割の得点
　　　　　②応用試験　総合得点で6割の得点

合格発表：令和6年12月20日（金）（予定）
オンライン出願サイト上の「マイページ」より確認可能

「必須の教育内容」

	全体目標・一般目標	必須の教育内容
社会・文化・地域	①世界と日本	(1) 世界と日本の社会と文化
	②異文化接触	(2) 日本の在留外国人施策
		(3) 多文化共生（地域社会における共生）
	③日本語教育の歴史と現状	(4) 日本語教育史
		(5) 言語政策
		(6) 日本語の試験
		(7) 世界と日本の日本語教育事情

言語と社会	④言語と社会の関係	(8)社会言語学
		(9)言語政策と「ことば」
	⑤言語使用と社会	(10)コミュニケーションストラテジー
		(11)待遇・敬意表現
		(12)言語・非言語行動
	⑥異文化コミュニケーションと社会	(13)多文化・多言語主義
言語と心理	⑦言語理解の過程	(14)談話理解
		(15)言語学習
	⑧言語習得・発達	(16)習得過程(第一言語・第二言語)
		(17)学習ストラテジー
	⑨異文化理解と心理	(18)異文化受容・適応
		(19)日本語の学習・教育の情意的側面
言語と教育	⑩言語教育法・実習	(20)日本語教師の資質・能力
		(21)日本語教育プログラムの理解と実践
		(22)教室・言語環境の設定
		(23)コースデザイン
		(24)教授法
		(25)教材分析・作成・開発
		(26)評価法
		(27)授業計画
		(29)中間言語分析
		(30)授業分析・自己点検能力
		(31)目的・対象別日本語教育法
	⑪異文化間教育とコミュニケーション教育	(32)異文化間教育
		(33)異文化コミュニケーション
		(34)コミュニケーション教育
	⑫言語教育と情報	(35)日本語教育とICT
		(36)著作権
言語	⑬言語の構造一般	(37)一般言語学
		(38)対照言語学
	⑭日本語の構造	(39)日本語教育のための日本語分析
		(40)日本語教育のための音韻・音声体系
		(41)日本語教育のための文字と表記
		(42)日本語教育のための形態・語彙体系
		(43)日本語教育のための文法体系
		(44)日本語教育のための意味体系
		(45)日本語教育のための語用論的規範
	⑮コミュニケーション能力	(46)受容・理解能力
		(47)言語運用能力
		(48)社会文化能力
		(49)対人関係能力
		(50)異文化調整能力

現職者は経過措置を要確認

　ここからは、既に日本語を教えている方、あるいは日本語教師の勉強をした（している）方向けのお話です。

　現職の日本語教師が登録日本語教員に円滑に移行できるように、**一定の要件を満たす場合には日本語教員試験や実践研修を免除する経過措置が設けられています。**この経過措置は六つのルートがあり、正直、やや複雑です。これまで何らかの形で日本語教育に関わってこられた方は、自分がどのルートに当たるのかを、以下のフローチャートで確認してください。

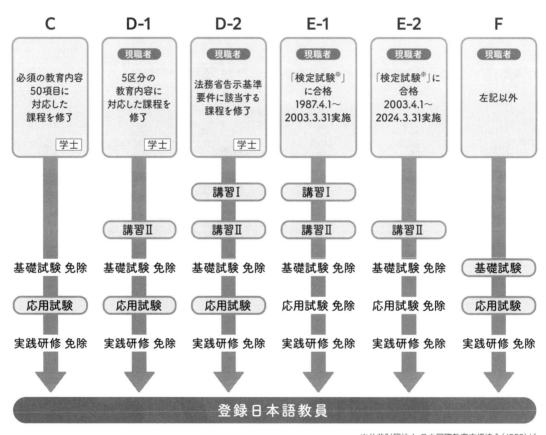

※公益財団法人 日本国際教育支援協会（JEES）が
主催する、日本語教育能力検定試験

今回の経過措置のポイントは以下の4点です。
1.　現職者かどうか
2.　日本語教師養成講座を修了しているかどうか
3.　学士号を持っているかどうか
4.　日本語教育能力検定試験に合格しているかどうか

1. 現職者かどうか

　「現職者」の定義を確認しておきましょう。文化庁の資料では以下のようになっています。「2019年4月1日〜2029年3月31日の間に法務省告示機関で告示を受けた課程、大学、認定日本語教育機関で認定を受けた課程、文部科学大臣が指定した日本語教育機関（認定を受けた日本語教育機関が過去に実施した課程）で日本語教員として1年以上勤務した者」

　まずは期間に注意が必要です。**日本語教育機関認定法施行5年後の2029年までが対象に含ま**れていますので、今まで日本語を教えた経験がなくても、これから経験を積めばいいということになります。

　次に勤務した教育機関に注意が必要です。**法務省の告示機関や文部科学大臣の指定機関**となっています。「日本語教育機関認定法よくある質問集（文部科学省）」に、海外の大学で教えた経験は、現職者の要件である1年以上の経験に含まれない、と書かれていますので注意してください。なお、登録申請に当たっては、日本語教育機関の在籍証明書が必要になります。

　次に「1年以上日本語教育課程を担当した経験」についてです。こちらも「日本語教育機関認定法よくある質問集（文部科学省）」に、以下のような回答があります。

　「1年以上日本語教育課程を担当した経験」については、要件を満たす日本語教育機関において1年以上の雇用期間がある場合でも、**平均して週1回以上授業を担当**していたものが該当します。（**複数の機関での経験を合計して1年以上となる場合**でも要件を満たします。）ただし、主任教員として日本語教育課程の編成や管理の業務を主たる業務としていた場合には、平均して週1回以上授業を担当していなかった場合でも経験に含めることができます。これに該当することについては、雇用主が在職証明書により責任を持って証明いただきます。

2. 日本語教師養成講座を修了しているかどうか

　1の「現職者」に該当しない場合は、**「必須の教育内容」50項目***に対応した**日本語教師養成講座を修了**していることが必須となります。その場合、基礎試験と実践研修が免除になり、応用試験さえ合格すれば、登録日本語教員になれます。（Cルート）

現職者で、**「5区分の教育内容」****に対応した**日本語教師養成講座を修了**している場合は、講習Ⅱを受講して講習修了認定試験に合格すれば、基礎試験と実践研修が免除になります。（D-1ルート）

現職者で、**修了した養成講座が「必須の教育内容」50項目にも「5区分の教育内容」にも対応していない場合**は、講習Ⅰと講習Ⅱを受講して講習修了認定試験に合格すれば、基礎試験と実践研修が免除になります。（D-2ルート）

ご自身の修了された養成講座が、「必須の教育内容」50項目、「5区分の教育内容」のいずれに対応しているのかは、文化庁が以下のURLで公開していますので、ご確認ください。

> 登録日本語教員の資格取得に係る経過措置における日本語教員養成課程等の確認について
> https://www.bunka.go.jp/seisaku/kokugo_nihongo/kyoiku/93964001.html

＊『日本語教育人材の養成・研修の在り方について（報告）改定版』（2019年3月4日）文化審議会国語分科会
＊＊『日本語教育のための教員養成について』（2000年3月30日）日本語教員の養成に関する調査研究協力者会議

3. 学士号を持っているかどうか

　これまでは、特に日本語教師の条件とはなっていませんでしたが、今回の登録日本語教員の条件の一つになっているのが、**学士**という学歴です。

　前述のC、D-1、D-2ルートは全て学士号を持っていることが条件となります。

4. 日本語教育能力検定試験に合格しているかどうか

　日本語教育能力検定試験に合格している場合は、いつ行われた試験に合格しているかがポイントになります。

　2003年〜2023年に実施された日本語教育能力検定試験に合格している場合は、講習Ⅱさえ受講して講習修了認定試験に合格すれば、基礎試験、応用試験、実践研修が全て免除になります。（E-2ルート）

　1987年〜2002年に実施された日本語教育能力検定試験に合格している場合は、講習Ⅰと講習Ⅱを受講して講習修了認定試験に合格すれば、基礎試験、応用試験、実践研修が全て免除になります。（E-1ルート）

　日本語教育能力検定試験に合格している場合は、**講習をもって日本語教員試験が免除される**ので、非常に大きなアドバンテージがあります。以前に合格している人は、合格証書の時期を確かめてみてください。

　それ以外の現職者の人は、基礎試験と応用試験に合格する必要があります。そうすれば、実践研修は免除になります。（Fルート）

経過措置ルート判定ガイド

　次の質問に回答していけば、自分が経過措置の対象か、対象の場合にどのルートの経過措置を受けることができるのかがわかります。

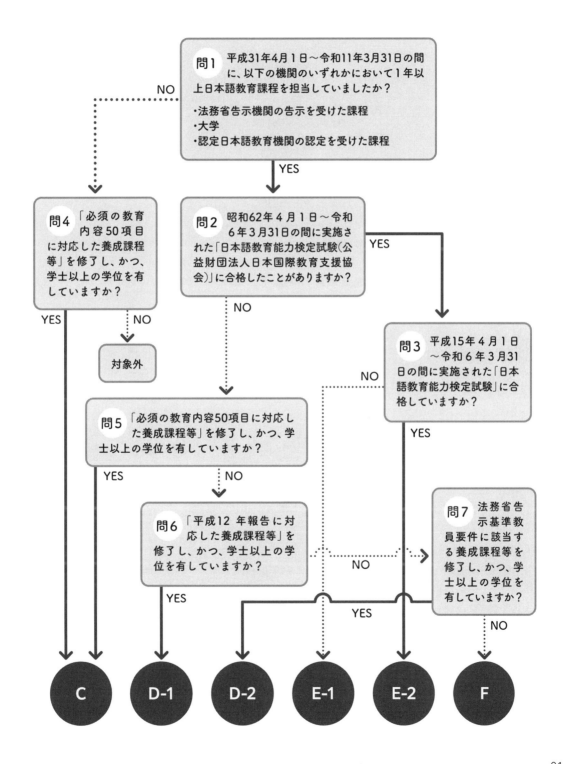

試験対策の進め方

基礎試験

　基礎試験については、日本語教育を行うために必要となる基礎的な知識および技能を区分ごとに出題するため、各区分の出題割合が以下の通りあらかじめ示されています。試験対策の参考にするといいでしょう。

各区分の出題割合

1.社会・文化・地域	約1～2割
2.言語と社会	約1割
3.言語と心理	約1割
4.言語と教育（教育実習を除く）	約3～4割
5.言語	約3割

　「出る順」で対策をするなら、**「言語と教育」**と**「言語」**を優先的に対策するのがいいでしょう。

応用試験

日本語教育能力検定試験の試験Ⅱ、Ⅲと応用試験を比較してみましょう。

◎日本語教育能力検定試験

　試験Ⅱ：試験Ⅰで求められる「基礎的な知識」や試験Ⅲで求められる「基礎的な問題解決能力」について、音声を媒体とした出題形式で測定する。

　試験Ⅲ：原則として出題範囲の区分横断的な設問により、熟練した日本語教員の有する現場対応能力につながる基礎的な問題解決能力を測定する。

◎日本語教員試験

　応用試験：出題範囲が複数の領域・区分にまたがる横断的な設問により、実際に日本語教育を行う際の現場対応や問題解決を行うことができる基礎的な知識及び技能を活用した問題解決能力を測定する試験。

　日本語教育能力検定試験の試験Ⅱや試験Ⅲと比べたときに日本語教員試験で目立つのは**「現場対応」「問題解決」**といった文言です。日本語教員試験では、**より教室現場での設定に近い問題が出題される**と考えていいでしょう。

・聴解

　日本語教育能力検定試験と日本語教員試験を比較して、問題数が増えたのが聴解試験です。問題数は10問多く、試験時間は20分長くなっています。**聴解試験については、日本語教育能力検定試験より受験者の負担が増します。**

・読解

　日本語教育能力検定試験と日本語教員試験を比較して、問題数は20問少なく、また日本語教員試験では記述式問題もありません。記述式問題がなくなったことで受験者の負担は軽減されましたが、**教育現場寄りの問題が増えた分、教授経験の少ない教師にとっては大変だと思われます。**

　注意が必要なのが合格基準です。2024年5月に発表された実施要項では、合格基準が設けられました。

　〈基礎試験〉必須の教育内容で定められた5区分において、各区分で6割の得点があり、
　　　　　　かつ総合得点で8割の得点があること
　〈応用試験〉総合得点で6割の得点があること。

　ここでは基礎試験のハードルの高さが目立ちます。各区分で6割、全体で8割という合格基準は決して低くはありません。

　基礎試験の対策では、「言語と教育」と「言語」を優先的に対策するとしても、残りの3区分「社会・文化・地域」「言語と社会」「言語と心理」も穴がないように対策をしておくことが求められます。

試験に合格したら

登録申請の方法（日本語教育機関認定法ポータル）

　登録日本語教員の登録申請は、**日本語教育機関認定法ポータル**を通じて行います。日本語教育機関認定法ポータルは、登録日本語教員の登録のほか、日本語教育機関の認定、実践研修機関、日本語教員養成機関の登録に係る各種手続きを受け付け、認定日本語教育機関や登録日本語教員などの情報を一元的に発信するためのポータルサイトです。

　日本語教育機関認定法ポータルを通じた登録申請手続きの方法は、以下のような流れになる予定です。

1. 日本語教育機関認定法ポータルで申請用アカウント作成

2. 申請ページにおいて申請情報を入力

3. 登録手数料の支払い

4. 申請ページから申請書を出力・印刷

5. 他の必要書類とともに申請書を郵送

6. 文部科学省において申請内容の確認

7. 結果の通知・登録証の交付

なお、5にある必要書類は資格取得ルートによって異なります。

費用について

登録日本語教員として登録するまでにかかる費用についてまとめておきます。

---

①登録日本語教員試験受験料

- 通常（基礎試験及び応用試験受験）：18,900 円
- 基礎試験免除（免除資格の確認及び応用試験受験）：17,300 円
- 基礎試験及び応用試験免除（免除資格の確認）：5,900 円

※経過措置により基礎試験と応用試験の両方の免除を受ける場合であっても、
登録日本語教員になるためには、手数料を支払って日本語教員試験に出願し、
経過措置の対象であることの確認を受け、日本語教員試験の合格証書を入手
する必要があります。

②実践研修手数料

50,900 円（文部科学大臣が行う場合）

※登録実践研修機関が行う場合は、その機関が研修実施に要する費用を含め提
出し、文部科学大臣の認可を受けた額となります。

③現職者向け講習受講料

- 講習Ⅰ：8,800 円
- 講習Ⅱ：17,600 円

④日本語教育機関認定法ポータル登録手数料

4,400 円

日本語教員として登録するために③は全員必要になります。それに加えて必要な費用は、自分が
どのルートになるのかによって変わってきます。登録までにかかる費用は決して少なくありません。
試験準備もお金の準備も計画的に進めましょう。

　経過措置により基礎試験や応用試験が免除される場合でも、受験料を払って出願をしなければな
りません。出願し忘れることのないよう、注意しましょう。

日本語教育と日本語教師の歴史

日本語教育に携わる人たちに最も注目されている日本語教員試験が始まり、日本語教師もいよいよ国家資格となる。では、今日まで、日本語教育にはどのような歴史があり日本語教師にはどのような歩みがあったのか。ここでは日本語教師の果たした役割について、日本国内における日本語教育を中心にまとめてみたい。

ライター・編集者　**青山美佳**（青山組）

室町時代〜江戸時代

組織的な日本語教育の始まりは、キリシタン宣教師による日本語学習

　日本における日本語教育の歴史はいつから始まったのだろうか。その端緒は16世紀末から17世紀初頭にかけて、欧州から来日したキリスト教宣教師たちが著した「キリシタン資料」に見られる。彼らが日本語を学んだ第一目的は布教活動である。そのために宣教師たちは、聖書の翻訳を行ったり、布教のために必要な日本語（主に話しことば）を学んだりして、その成果を文法書や辞書、教科書などにまとめていった。ロドリゲスによる『日本大文典』（1604〜08年刊）、『日本小文典』（1620年刊）、『日葡辞書』（1603〜04年刊）などは、この頃に刊行されたものだ。

　その後、江戸幕府による禁教令、鎖国政策により、宣教師たちの布教活動は一時、途絶えるが、幕末になると再び、宣教師や欧州各国から外交官が来日するようになる。例えば、ヘボン式ローマ字で、その名を知られるアメリカ人宣教師・医師のヘボンは1859年に来日し、後輩宣教師の日本語学習支援を目的に、辞書『和英語林集成』（1867年刊）を編さんした。また、初代駐日英国公使となるオールコックもヘボンと同年に来日、東洋市場の開拓・獲得という至上命令の下、日本語の必要性を痛感し、日本語教材を開発した。

　16〜17世紀のキリシタン宣教師と同様、幕末に来日した宣教師や外交官らの日本語学習は、日本人側に定まった教授法があったわけではなく、学習者側が日本人の協力者を見つけ、彼らに質問を投げかけながら音声や語彙、表現などを引き出す形で進められていたようだ。協力者は専門知識があったわけではなく、質問を受けて苦悶しながら説明し、それをまた懸命に解釈・理解しようと、双方が苦労しながら学習を進める様子が、オールコックの手記などに残っている。

明治維新〜明治末

清国からの留学ブーム

　1868年、日本では明治新政府ができ、首都が東京に移る。新政府は政治、経済、軍事、教育など、幅広い分野で西洋の知識・技術を導入するために欧米から外国人指導者を招き、近代化を推

し進めた。近代化を進める日本には、1881年、朝鮮から2人の留学生が来日し、福沢諭吉が運営する慶應義塾に入学した。これが日本最初の留学生だと言われる。

一方で、日本は海外進出を企図し、朝鮮をまず足がかりにしようとした。1894年、農民の蜂起事件をきっかけに、当時、朝鮮を治める李氏が清国（中国）に出兵を要請すると、日本は在留邦人保護を名目に出兵、日清戦争が勃発する。翌95年、日本は清国に勝って講和条約を結び、台湾が日本に割譲された。これをきっかけに日本に学べと、清国から多くの留学生が来日するようになる。彼らの受け入れ先として1902年、宏（弘）文学院（以下、宏文学院）が嘉納治五郎によって設立された他、早稲田大学や法政大学には留学生学部が設置され、日本語教育が行われた。さらに05年、日露戦争で大国・ロシアに日本が勝利すると、留学生の数は膨れ上がり、留学生ブームが起きる。ピーク時の06年には東京に1〜2万人の留学生がいたとも言われている。

しかし、清国からの留学ブームは10年ほどで終焉を迎える。一つは、清国から「日本に留学し、清国打倒の革命運動をしようとする留学生」の取り締まりの要請を受けた日本政府が「清国留学生取締規則」を公布し、厳しく監督しようとしたためだ。多くの留学生は日本政府のこの対応に失望した。もう一つは清国国内においても、ある程度の教育が可能になったことがある。こうしたことを背景に、清国からの留学ブームは終わり、宏文学院も09年に閉鎖、各大学の留学生学部も翌年、相次ぎ閉鎖した。

大正〜昭和
第2次世界大戦

第1次世界大戦、そして第2次世界大戦中の日本語教育と教師の役割

時代は明治から大正、昭和へと移る。日本にとって、昭和前期までのこの時期は、第1次世界

大戦（1914年）、満州事変（31年）、日中戦争（37年）、そして、第2次世界大戦（39年）と、戦争に明け暮れていた時代と言える。この時期は、国内および、戦争の結果、日本が領土として占領した地域で日本語教育が行われたが、その目的や性質が異なるので、分けて見てみよう。

【国内】

まず、国内における日本語教育の一つは、宏文学院閉鎖後も細々と続けられていた中国人留学生対象に行われていたものだ。その役を担っていたのが、同学院で教師を務めていた松本亀次郎である。松本は私財を投げ打って1914年、「東亜高等予備学校」を設立、教壇に立ち続けた他、日本語教科書も刊行した。この時の教え子には周恩来がいる。

もう一つは、キリスト教布教のために来日した宣教師に対する日本語教育で、その中心的役割を果たしたのが長沼直兄である。

長沼が、日本語を教えるようになったきっかけは、隣人の宣教師から、病気の教員の代行を依頼されたことだった。「10日ほど」という心づもりだったが、教員不足を理由に引き止められて教え続けるうちに、ハロルド・パーマーと出会う。パーマーは日本の英語教育の基礎を築いた人物で、口頭による伝達能力を重視する教授法「オーラル・メソッド」の提唱者として知られる。長沼は、パーマーから教授法、教科書の作り方などを学び、23年、アメリカ大使館の日本語教師の職に就く。教材編さんにも取り組み、34年までの間に『標準日本語読本』（全7巻）を刊行した。41年、長沼は「日本語教育振興会」の理事に就任する。同振興会は、文部省の外郭団体で「大東亜共栄圏」への日本語普及を目指す組織である。これについては、次の「占領地における日本語教育」で述べる。

【占領地における日本語教育】

占領地における日本語教育として、まず1895年、日清戦争で日本の領土となった台湾で、行

われたものが挙げられる。キーマンは伊澤修二である。伊澤は総督府学務部長心得として台湾に渡り、台北郊外の「芝山巌」に日本語教育のための学校を開設した。日本政府は同化政策を取り、台湾の人全てに「国語」として日本語を教える方針を推し進めた。その過程で、芝山巌で日本語教育に従事していた6人の学務部員が抗日ゲリラによって殺害される事件（芝山巌事件）も起きた。

　台湾における日本語教育のもう1人のキーマンは、山口喜一郎である。台湾での日本語教育は媒介語を使用するなど、手探り状態から始まっ

た。国語教育として学校教育でも行われたことから、子どもにも理解しやすい教え方として、山口によってグアン式教授法が取り入れられたのだ。これは、ある場面を決め、そこで行われる動作を教師が口頭で表現しながら実演して見せ、意味を理解させるというものだ。山口により台湾における学校教育は方向が定まった。社会生活でも新聞では漢文欄が廃止され、就職の場面でも日本語ができないと不採用となるなど、日本語の普及政策が強化された。最終的に、台湾における日本語教育は、日本が敗戦する1945年まで約50年間続いた。

　次に、朝鮮半島における日本語教育を概観してみよう。この地域では朝鮮政府によって1891年に設立された日本語学校「日語学堂」が日本語教育を広める役割を果たした。日清、日露戦争を経て1910年に日韓併合が行われる前まで、朝鮮では日本語学校が多数設立され、日本からも多くの人・団体が渡り、学校を開いた。仏教系の設立団体も多く見られ、布教や市場開拓という日本側の思惑と、朝鮮側の日本を相手とする商業・経済活動の活性化という目的が一致して、日本語教育がブームになったのだ。1910年、日韓併合により、朝鮮総督府が置かれ、その下で皇民化政策の一環として日本語教育が推し進められた。年少者向けの日本語教育では台湾での成果が取り入れられた。

　中国においては、前述のように、日清戦争後、日本への留学ブームが起きた一方で、中国国内においても日本語学校が数多く設立され、日本語ブームが起きていた。学校急増で教師不足となり、松本亀次郎も、日本から教えに行った教師の1人だ。しかし、政府からの財政援助もなく、1907年ごろまでにはいずれの学校も閉鎖された。その後、31年の満州事変により、日本が中国東北部を軍事占領し、32年に満州国（日本の傀儡（かいらい）政権）を建国すると、初等教育から高等教育まで日本語教育を義務付けたほか、社会生活でも日本語の普及を強制的に推し進めた。ここでは大出正篤が開発した、中国語の対訳・注を付けた教科書を予習し、授業では会話練習をするという「速成式教授法」が取られた。しかし、これも45年の日本敗戦により終了する。

　最後は、南洋諸島、南方占領地における日本語教育についても概観しておこう。第1次世界大戦（1914年）後、日本はドイツが統治していた南洋諸島（パラオ、サイパンなど）を占領する。さらに第2次世界大戦中、40年に第2次近衛内閣が打ち出した「大東亜共栄圏」構想によって、40年代に入り、日本軍はマレー半島、フィリピン、インドネシア、ビルマ（現在のミャンマー）へと占領地（南方占領地）を拡大していった。各地の

裁量で行われていた日本語教育を一括して制御しようと、日本語教育振興会を文部省の外郭団体に組み入れ、42年、「南方派遣日本語教育要員養成所」を日本国内に設置。南方占領地で日本語教育に当たる教員養成を行い、各地に教員を送り出した。しかし、これも日本敗戦により終了する。

なお、占領地ではないが、第2次世界大戦中、アメリカ国内では、敵国である日本の言語を学ぶため、軍内に語学学校（ASTP）が設置され、徹底的な口頭練習などを重視するアーミー・メソッドを開発し、日本語教育が行われた。ASTPで日本語を学んだ人物として有名なのがドナルド・キーンである。

昭和後期
（第2次世界大戦後）

来日する外国人の増加と多様化

第2次世界大戦敗戦を経て、日本語教育はどのように変わっていったのだろうか。まず、国外・占領地で行われていた日本語教育は1945年の敗戦により、全て終了する。一方、国内では、早くも46年に、日本語教育振興会の理事・長沼直兄が、同会の解散に伴って一部の財産と業務を引き継いで言語文化研究所を設立、48年には東京日本語学校を開校し、主に宣教師、駐留軍関係者などを対象とした日本語教育を再開した。その後、51年に授業を再開した国際学友会も57年に日本語学校を開校する。こうした日本語学校によって相次いで教科書も刊行された。さらに、54年に国費による留学生招致制度ができると、23人の留学生が来日、受け入れ先として東京外国語大学、大阪外国語大学に留学生別科が設置された他、各大学でも留学生対象の授業が再開された。

1950年代半ば以降、日本は驚異的な経済成長を見せ、60年代に入ると、池田内閣が「国民所得倍増計画」を打ち出し、高度経済成長期を迎え

る。日本との貿易拡大を狙う人々も増え、それに伴って日本語学習の需要も拡大していった。

1970年代に入ると、学習者は多様化していく。72年、日本と中国の国交が正常化すると中国残留孤児の帰国が始まり、75年以降はベトナム戦争終結の影響からインドシナ難民の来日も増加し、彼らの定住支援の一環として日本語教育が行われるようになった。さらに2回のオイルショック（73年、78年）を乗り越えた後、80年代には嫁不足に悩む農村部に中国やフィリピンなどからの外国人配偶者が急増、さらに80年代後半にはバブル景気が訪れ、労働目的の「デカセギ労働者」も多数、来日するようになった。ただ、そうした急増する外国人に対する日本語教育は万全の体制が整えられていたとはいえず、地域ボランティアなどが担うケースが多かった。

昭和末期〜平成

「留学生10万人計画」と
国内における日本語教育の整備

1980年代、国内の日本語教育における大きな柱として「留学生」に対するものがある。留学生政策として大きな転機となったのが1983年に中曽根内閣が打ち出した「留学生受入れ10万人計画」である。当時、約1万人だった外国人留学生を21世紀初頭までの20年間で、10倍の10万人にまで増やそうというものである。これを契機に、留学生増加のためのさまざまな支援制度や日本語教育の態勢整備が進められていく。

まず、各大学には留学生受け入れのためのコースが設置された。並行して教師養成も急務となり、85年、大学に日本語教育主専攻・副専攻課程が設けられた。また、民間の日本語教師養成機関の設置基準として420時間の基礎的な教育内容が示され、88年には第1回の日本語教育能力検定試験が実施された。検定試験は日本語教育のための知識・能力が基礎的水準に達している

かを測るもので、試験合格および養成講座420時間修了は、この後、日本語学校で教える教師としての資格として機能することになった。

一方、留学生増加の施策としては、82年、在留資格「就学（2009年に「留学」に統一）」の創設が挙げられる。「就学」は日本留学のための予備教育として日本語学校で日本語を学ぶ学生を対象に発給された在留資格で、1984年に手続きが簡素化されたことから就学生数は急増した。文部科学省の統計によると、留学生・就学生を合わせた数は、90年に4万人を、93年には5万人を突破、そして、2003年に目標だった10万人突破を達成した。しかし、その裏では日本語学校が乱立し、不法就労を目的として来日する者の隠れみのに使われる学校も散見されるようになった。そのため日本語学校にも一定の基準が設けられることになり、その審査・認定を行う組織として1989年、「日本語教育振興協会（日振協）」が設立された。なお、名前は似ているが、日振協は、戦前の「日本語教育振興会」とは全く別の組織である。

平成～令和

少子高齢化を背景にした新たな在留資格の創設、それに伴って浮かび上がる課題

1989年、「出入国管理及び難民認定法（入管法）」が改正され、「定住者」という在留資格が新設された。これにより、日系3世の人々は日本で自由に就業できるようになり、中南米から多くの日系人と家族・子どもが来日。日本語のわからない子どもたちが地域の小・中学校で授業を受ける状況が生まれ、彼らに対する日本語教育が大きな課題として浮上した。

1990年台に入ってからの相次ぐ新たな在留資格創設の背景には、日本の少子高齢化による労働者不足がある。1993年に始まった外国人技能実習制度も、技術移転とは名ばかりの労働力不足を補うための制度だった。低賃金・長時間労働という劣悪な労働環境に置かれる外国人も多く、「現代の奴隷制度」と国際社会からの批判が高まり、2008年に労働基準法が適用されるなどの改正が行われた。なお、技能実習制度に関しては、直近の動きとして24年、これを廃止し、代わりに「育成就労制度」を創設することが決定。2027年までに施行される。

その他、人手不足の深刻な介護・看護の分野でも、08年、EPA（経済連携協定）による看護師・介護福祉士候補者の受け入れを開始したほか、17年には在留資格「介護」を創設、さらに19年には「特定技能」という在留資格が創設され、介護の他にも人手不足が深刻化している外食、農業、宿泊など特定産業分野において、外国人の単純労働が認められるようになった。

こうした分野で働く外国人に対する日本語教育は、労働力確保が先に立ち、教材開発・作成、教授法などは、必要に迫られて現場の日本語教師やボランティアなどが試行錯誤の中で行って支えてきた面が大きく、今なお、その途上にある分野も多い。日本社会の中に日本語学習が必要な外国人就労者や地域で暮らす外国人住民が増え続ける状況を背景に、日本語教育の機会確保、日本語教育の水準の維持向上の必要性などの声

が上がるようになった。そうした声に応えよう
と、2019年に公布・施行されたのが「日本語教育
の推進に関する法律(以下、日本語教育推進法)」
である。

現在～未来

「日本語教育推進法」の成立と、今後の日本語教育・教師に求められるものとは?

　「日本語教育推進法」は、国内外で日本語教育
を推進していくための理念を掲げた法律だ。そ
のため、日本各地域で生活する外国人やその家
族・子ども、働く外国人、留学生などに加え、海
外の日本語学習者も対象としている。

　法律施行を受け、さらに具体的施策に落とし
込んだ「日本語教育の推進に関する施策を総合
的かつ効果的に推進するための基本的な方針(基
本方針)」が2020年に公表された。基本方針に
基づき、日本語教育機関の評価と類型化の議論
が進められたほか、日本語能力の評価基準とし
て「日本語教育の参照枠」が取りまとめられた。
また並行して教師の資格に関する議論もなされ、
国家資格「登録日本語教員」制度も決まった。資
格取得のための第1回試験は24年11月に実施
される。

　以上、16世紀末から直近まで、日本語教育と
日本語教師を巡る歴史を概観してきたが、時代
により、日本語教育の目的も、その中で日本語教
師が担ってきた役割も大きく変化してきたこと
がわかる。時に日本語教育は、単なる言語教育
としてではなく、戦時中の占領地における例の
ように同化政策として行われることがあり、そ
のような歴史には負の評価もあることは心に留
めておきたい。国家資格となった今、あらためて
歴史を振り返って、これから果たす役割を考え
ることは意義があるのではないだろうか。

日本語教育史年表

1549	キリスト教伝来
1603～04	『日葡辞書』刊行
1604～08	ロドリゲス『日本大文典』刊行
1612	江戸幕府によるキリスト教禁止令
1639	ポルトガル船の来航禁止
1853	ペリー、浦賀に来航
1859	オールコック、ヘボン、ブラウン来日
1867	ヘボン『和英語林集成』刊行
1868	明治維新
1881	朝鮮からの留学生2人が来日
1891	朝鮮で日語学堂開校
1894	日清戦争
1895	日清講和条約(下関条約)調印、伊澤修二、台湾芝山巌学堂で日本語教育開始
1896	清国からの留学生13人が来日 芝山巌事件
1899	山口喜一郎、グアン式の実験授業を行う
1902	嘉納治五郎、宏(弘)文学院を開校
1904～05	日露戦争、ポーツマス条約締結
1905	「清国留学生取締規制」公布
1909	宏文学院閉鎖
1910	日韓併合
1911～12	中国で辛亥革命勃発、清国滅亡
1914	松本亀次郎、東亜高等予備学校を設立
1923	長沼直兄、米大使館で日本語教育に従事
1932	満洲国建国
1937～42	大出正篤『効果的速成式標準日本語読本』刊行
1945	終戦
1946	長沼直兄、言語文化研究所設立
1948	国立国語研究所設立
1954	東京外大、大阪外大に留学生別科設置
1964	東京オリンピック
1970	大阪万博
1972	国際交流基金創立。日中国交正常化
1979	インドシナ難民定住支援を政府が決定
1982	就学ビザ発給開始
1983	「留学生受入れ10万人計画」発表
1984	中国帰国孤児定着促進センター発足
1985	東京外大、筑波大に教員養成の学科設置
1988	第1回日本語教育能力検定試験実施
1989	日本語教育振興協会(日振協)設立 入管法改正
1993	外国人技能実習制度開始
2001	第1回外国人集住都市会議開催
2008	EPA看護師・介護福祉士受け入れ開始 「留学生30万人計画」策定
2009	入管法改正
2012	高度人材ポイント制導入
2017	在留資格「介護」創設
2019	在留資格「特定技能」創設 「日本語教育推進法」公布・施行
2024	国家資格「登録日本語教員」制度開始

キャリアデザイン

～これからの私の未来を描こう～

日本語教育の質の向上を目的とした法整備が進められ、令和6年に日本語教師の国家資格が創設されます。それが、文部科学省が実施する「日本語教員試験」に合格し、実践研修を修了した後に得られる登録日本語教員の資格です。これまで日本語教師には国家資格がなく、極端な話、日本語が話せれば誰でも教えられるでしょう？という認識を持つ人もいました。しかし国家資格化されることで、日本語教師という職業が専門的な知識や技術が必要な仕事であることが一般に認知されるようになるのはうれしい限りです。さて、日本語教育について学び、登録日本語教員となると、どのような世界が拓けていくのでしょうか。

文：**仲山淳子**（日本語教師。アルクWEB版「日本語ジャーナル」にて「日本語教師プロファイル」シリーズで多くの日本語教師の方のインタビューを担当。）

登録日本語教員になる！

　日本語教師になりたいと思ったとき、まず働く場所として考えるのは、日本語学校だと思います。令和6年4月1日に施行された日本語教育機関認定法により、日本語学校は文部科学大臣認定日本語教育機関になることができるようになりました。いわば国のお墨付きを得た学校となります。この認定日本語教育機関で教えるためには登録日本語教員になる必要があるのです。

　認定日本語教育機関の多くは、外国人留学生を受け入れている日本語学校です。教師の中には決められたコマの授業だけを担当する非常勤講師と、カリキュラム作りや学生管理など授業以外も担当する専任講師がいます。非常勤講師としてスタートし、専任講師になり、さらに研修を受けて主任になるといった、日本語教育機関内でのステップアップを目指す人もいるでしょう。留学生の入学から進学や就職まで一貫した指導をすることにやりがいを感じることもできるはずです。主任教員になれば単に教えるだけでなく、コースデザインを担当するなど理想の日本語教育を目指すことができます。文化庁の事業として日本語教師の初任研修、中堅研修、日本語教育コーディネーター研修が提供されています。

　認定日本語教育機関は留学だけでなく就労と生活分野も作られる予定ですので、就労者や生活者への日本語教育に興味を持つ人はそちらの機関で教えることも可能になります。

✒ 日本語教師にはどんな道があるのか

認定日本語教育機関で教える以外に日本語教師の仕事にはどのようなものがあるのでしょうか。近年、日本語教師の働き方が多様化し、日本語学校に所属して教えるだけでなく、さまざまな活躍の場が得られるようになりました。

・海外で教える

その一つに海外で日本語を教えるという道があります。海外での仕事は、日本語教師求人サイトなどで見つける・所属している日本語学校から派遣される・JICAや国際交流基金のような公的機関の求人に応募して派遣されるなどの道があります。ビザ取得のために学士以上の学歴が求められることがありますので注意してください。いずれにせよしっかりとした知識と経験が必要なことは言うまでもありません。日本語学校である程度経験を積んだ後に海外に挑戦する人が多いようです。

・フリーランスで教える

さらに、特定の機関に所属せずに、個人事業主として企業や学校や個人と契約して教える、いわゆるフリーランス日本語教師という働き方があります。フリーランス日本語教師として目覚ましい活躍をされている方々の姿をSNSで見ることもあるかもしれません。ただ、フリーランス日本語教師として教えるのに必要なのは、やはり経験と実績です。学校という後ろ盾もなく選んでもらうには、教師力が重要であることも当然と言えば当然ですが。そして仕事を自分で取ってくる営業力、請求書作成などの事務能力も必要になることはお忘れなく。

全てを個人で行うのではなく、語学学習サービスのプラットフォームに登録して教えるという方法もあります。このようなプラットフォームはオンラインレッスンであることがほとんどなので、対面で行うクラス授業とはまた別の知識が必要となります。自分で宣伝する必要がなく、時間や場所を選ばずに教えることができるといった利点があります。オンラインレッスンであれば、日本国内だけでなく海外の学習者にも教えることができます。

・自分のスクールを作る

個人事業主として一人で日本語を教えることからさらに発展して、スクールや会社を立ち上げた日本語教師の方もいます。対象はビジネスパーソンから趣味的学習者、子どもまでさまざまです。技能実習生の研修を請け負う会社を作った方もいます。日本語教師のキャリアデザインの一つとして、そのよ

うな道を描くことも不可能ではありません。自分のスクールであれば、好きな分野、得意な分野に特化した日本語教育を行うことができるでしょう。看護師の経験を生かして、日本の国家資格取得を目指す外国人看護師の勉強会を主催されている方もいました。現在、日本語教師以外の仕事をしている人も、その経験が無駄にならず、経験を生かすことができるのが日本語教師の仕事だと思います。

・地域で教える

　日本語教師の働き方の多様化は、日本語学習者の多様化と対になっていると言えるでしょう。日本在留外国人数が過去最高を超えたことからもわかるように、今や日本語学習者は留学生やビジネスパーソンだけではありません。日本で仕事を持っている人とその家族、日本人の配偶者や子どもなど多くの日本語を学ぶ方がいます。いわゆる生活者と呼ばれる方々や、日本語指導を必要とする児童・生徒です。そのような学習者に日本語の支援をしているのは主に地域の日本語教室です。そこに地域日本語教育コーディネーターとして携わるのも、日本語教師の道の一つでしょう。また学校において日本語指導が必要な児童・生徒への支援をするといった仕事も考えられます。自治体によって形態はさまざまですが、募集がされていますので、興味がある人は問い合わせてみるとよいと思います。高校進学を目指す外国人生徒向けのフリースクールや、夜間中学で外国人生徒に日本語を教えている方もいます。

　その他、留学生を対象としない日本語教育機関もあります。例えばビジネスパーソンの日本語研修を専門に行うスクールや技能実習生の研修を行う機関です。EPAで入国する看護師・介護福祉士候補者向けの研修を行う機関に登録し、日本、もしくは現地で日本語を教えている方もいます。また、あまり例は多くないのですが、企業内の専属語学トレーナーとして教えている方もいるようです。

✒ 日本語教員試験はスタート地点

　このように、一口に日本語教師と言っても、今では多種多様な働き方があります。現在のところ、登録日本語教員の資格が必要なのは、認定日本語教育機関で教える場合なのですが、今後、上記のような場で登録日本語教員の資格の有無が参考にされる可能性がないとは言い切れません。将来的なキャリアアップのため、そして自分自身の知識を深めるためにも日本語教員試験のための学びは必ず役立つでしょう。せっかくできた国家資格ですので、取得するチャンスのある方はぜひ検討をお勧めします。

　これまで日本語ジャーナルのインタビューで多くの日本語教師の方にお話を伺ってきましたが、皆さんがおっしゃるのは、日本語教育の奥深さです。学生時代から日本語教師を目指していた方、全く別の仕事から何かのきっかけで日本語教育の世界に入ってこられた方といろいろなのですが、日本語教育について知れば知るほど、もっと学びたい、学ばなければならないとおっしゃいます。まずは、日本語教員試験への学びをスタートにさらに豊かな日本語教育の世界に歩みを進めてみてはいかがでしょうか。

第 2 章

試験別 対策問題

日本語教員試験は、「基礎試験」「応用試験(聴解)」「応用試験(読解)」の三つからなる新しい試験です。基礎試験は基礎的な力を測るもの、応用試験は実践的な力を測るものとなっていますが、どちらも日本語教師に必要な知識がしっかり身に付いていれば合格することができるでしょう。

ここでは必要な知識をいろいろな形の問題にして掲載していますので、ぜひチャレンジしてください。

【筆記試験】・ウォーミングアップ
　　　　　　　キーワードチェック 「穴埋め問題」「2択クイズ」
　　　　　　・基礎試験　演習問題
　　　　　　・応用試験(読解)　演習問題

【聴解試験】・ウォーミングアップ
　　　　　　・応用試験(聴解)　練習問題
　　　　　　・応用試験(聴解)　演習問題

⇨解答・解説は P.46

キーワードチェック

穴埋め問題

重要キーワードとその内容を確認。キーワードを覚えるだけでなく、完成した問題文をよく読み、理解を深めましょう。

次の文章を読み、☐に入る言葉を答えよ。

1　欧州評議会で開発された　①　を参考に、文化庁によって外国人らが適切な日本語教育を継続的に受けられるようにするために作られた日本語学習、教授、評価のための枠組みを　②　という。

2　オーディオリンガル・メソッドは、繰り返し練習を行い習慣形成することで習得を目指す教授法である。練習法として、文型を模倣して記憶する　①　や音素の最小単位の対立である　②　の発音練習を行う方法などがある。

3　文は、まず意味を持つ最小の単位である　①　に分けることができ、　①　はさらに意味を持たない音素に分けることができる。この性質のことを　②　という。

4　目や耳から入ってきた情報について一時的に保持される記憶を　①　という。人間は　①　を用いて誰かと会話をしたり文章を読んだり、何かを考えたりしているが、このように脳が情報を保持し、処理する機能を　②　と呼ぶ。長く残る長期記憶の容量には上限がないが、　②　の容量には限界があると言われている。

5　在留資格「特定技能」には2種類があるが、この在留資格で就労する外国人に求められる日本語能力水準は、　①　については試験などで生活や業務に必要な日本語能力を確認するのに対し、　②　は試験などでの確認は不要とされている。

6 　　①　　 は「言語は何らかの目的を持って使われる」という観点に基づいて、学習者にタスクを
与え、それを達成する過程を通して言語を学ばせる教授法のことをいう。コミュニカティブ・
アプローチの流れとともに、説明・文型練習・応用練習で構成されるPPPに対する批判やSLA
（Second Language Acquisition、第二言語習得）研究の成果を基に発展してきた。

7 話し手が、場面や目的などの状況に応じて二つ以上の言語や言語変種を使い分ける現象を
　　①　　 という。

8 「生活者に対する日本語教育」は公共団体やNPO などが運営する地域の日本語教室が担うこと
が多い。文化庁が2018年に取りまとめた『日本語教育人材の養成・研修の在り方について（報告）』
によれば、そのような地域の日本語教室において、学習の支援・促進のみならず、関連機関と連
携を図り、プログラムの編成や実践を行う人材を 　　①　　 と呼ぶ。

9 一般言語学で「言語表現とそれが意味するものの間には必然的な結び付きがない」とされる言
語の特徴は 　　①　　 と呼ばれる。ただし、音や音声を言語表現として表す 　　②　　 は一種の例外
であるといえる。

10 自分の思考や視点、行動、今の能力などを客観的に観察・分析することを 　　①　　 という。読解
の文章をどのように読み進めるか計画を立てる、自分の現在の言語能力を観察し上達のために
何が必要か見極める、などは、全て 　　①　　 能力である。言語学習をうまく進めるために学習者
が取るさまざまな方法である 　　②　　 の一つにも、学習の計画を立てるなど、自分の学習を管理
する 　　①　　 ストラテジーがある。

11 言語の4技能のうち、「読む」「書く」は 　　①　　 言語であり、「聞く」「話す」は 　　②　　 言語である。
また、「聞く」「読む」を 　　③　　 技能、「話す」「書く」は 　　④　　 技能ということもでき、これらの
観点から4技能を特徴づけることができる。

12 阪神・淡路大震災を契機に、日本語弱者に対して伝えたい情報やメッセージをわかりやすく伝えるための日本語、すなわち ① の必要性が認識され、多言語サービスとともにさまざまな分野で活用されている。

13 文中での働きによって語を分類したものを ① という。その中で単独で述語となる働きを持つのは動詞と ② である。

14 コース・デザインとはコースを実施する上で必要とされる準備作業の総体を指す。コース・デザインを行うに当たり、学習者の学習目的や目標などを調べることを ① 調査、既習知識や現時点での言語能力などを調べることを ② 調査という。

15 助数詞「匹」は、前に来る数字によって「ひき」「ぴき」「びき」のように変化する。この変化した形式のことを ① という。

16 ① とは、国家を運営するために公的に定められ、政治や法廷の場で使用される言語のことである。

17 言語を共時的な特徴によって分類する言語学の分野を ① という。その中で日本語は、語幹に文法的な要素がくっついて構成されるという形態的特徴から ② と分類される。

18 旧ソ連の心理学者ヴィゴツキーは子どもの発達について、一人ではできないがその子どもよりも有能な他者の助け、つまり ① があればできる範囲のことを ② と呼んだ。

19 国立国語研究所『分類語彙表』のような、語を意味で整理分類した語彙表のことを ① という。

20　　①　とは、言語変化が中心地から周辺地域へと同心円状に広がっていく現象を説明する仮説で、柳田国男によって提唱された。

21　品詞の中で、「ゆっくり歩く」の「ゆっくり」のように述語を修飾する語として働くものを　①　という。

22　日本語学習者の日本語能力を評価する試験である　①　は、2010年度より5段階のレベルとなり、最も高いレベルは　②　である。この試験では　③　のための言語コミュニケーション能力を重視している。

23　教師が自己の教師力の向上のために、教育現場で認識している自らのテーマや問題意識について追求し、教室内で実践研究を行い、その結果・考察を発信することを　①　という。

24　日本語母語話者が意識する、ひとまとまりの音の単位のことを　①　という。実際の長さは異なるが、概念的には同じ時間の長さで発音されると捉えられている。

25　文部科学省の定義ではシラバスは授業計画のことを指すが、日本語教育のような外国語教育におけるシラバスは学習項目のリストを指す。代表的なシラバスには、文法の観点から分類し、文構造が単純なものから複雑なものへと並べた　①　、文全体の機能や意味で分類された　②　、特定の場所や場面で用いられる表現をまとめた　③　、話題(トピック)で分類された話題(トピック)シラバス、4技能を基に分類した技能(スキル)シラバスなどがある。

26　　①　とは、ある特定の社会的グループ内で使用される言語変種を指す。グループ内でもっぱら使われることにより、そのグループのアイデンティティや連帯感を強化する役割を持つ。

27 学習者を対象に行われる評価は実施時期や目的により、四つに分けられる。　①　は「合格／不合格」のような二つのカテゴリーに選別するために、　②　はコース開始前に学習者の日本語力やコース・デザインに必要な情報などを得るために行われる。また、　③　はコースの途中段階で学習者の理解度や問題点を把握するため、　④　はコースの終了時に学習者の目標達成度やコース・デザインの適切性を省みることを目的として行われる。

28 クラッシェンは、言語習得に必要なのは理解可能な　①　であるとした。これに対し、　①　だけでなく相手が理解できるアウトプットも重要だとする考えや、他者との　②　によって　①　を理解可能なものにできるとする考えもある。

29 「トマト」や「キュウリ」という語に対して「野菜」という語は、より大きな概念であり「トマト」や「キュウリ」を包摂する。このとき、「野菜」は「トマト」「キュウリ」の　①　という。

30 学習者の学習記録や成果物などを長期的に収集し、ファイルなどにまとめ、保存したものを　①　という。また、教師が自らの教師の力を高めていくために、ある一定期間の自分の教師活動の過程や成果を記録し、振り返りの材料とするものを　②　と呼ぶ。

31 発話時を基準にして、出来事の「時」を位置づける文法形式を　①　という。一方、動きの展開のさまざまな局面を表す文法形式を　②　という。

32 正確に話すための教室活動の一つに　①　と呼ばれるドリル練習がある。これには、教師が提示したキューをそのまま繰り返す　②　やキューの一部を置き換える　③　、キューの形を変える　④　などがある。

33 異なる言語使用者同士が接触する場面で、コミュニケーションのために使われる共通語のことを　①　という。多くの人々に学習され、主に教育やビジネスの現場で使用されている。

34 学習者の母語は言語習得においてさまざまな影響を及ぼす。例えば、中国・韓国・台湾などの ① 出身かそうでないかは、読解の速度など、日本語学習に大きく影響を及ぼすことがあるので配慮が必要である。

35 名詞に接続して、その名詞が述語に対してどのような関係にあるかを示す助詞を ① という。

36 第二言語の学習者は、目標言語を学習していく過程において、学習者自身の頭の中に独自のルールを持つ言語体系、つまり ① をつくり出す。目標言語を使用して起きたエラーに対し適切な ② があれば、習得が促進される。

37 外国人児童生徒に対する学習支援として、外国人児童生徒に対して通常の教室とは別の教室で授業を行う ① 、支援者が通常の教室に来て外国人児童生徒の隣で指導をする ② などの方法が取られている。

38 「お茶」の「お」や「無関心」の「無」のような接頭辞、また、「暑さ」の「さ」や「比較的」の「的」のような接尾辞が付加されてできた語のことを ① という。

39 インターネット上で教材や学習者への資料、課題や、学習活動についての管理、実施、報告を統一して管理することができるシステムのことを ① と呼ぶ。

40 ① とは、ある言語の中で特定の地域、社会階層、年齢層などによって異なる形や使われ方の違いを持つ言語形式のことで、バラエティともいう。

41 自文化と、異なる文化がぶつかって変化することを ① という。ある人が異なる文化に入ったとき、カルチャーショックを受けるなど、異なる文化を受け入れられないと感じることがあるが、周囲からの適切な ② があると、新しい文化への適応が促進されるといわれている。

42 名詞に接続して主題を提示する働きをする助詞を ① と呼ぶ。また文末に現れ、疑問や確認・同意などの意味を表す助詞を ② という。

43 パターン・プラクティスのような繰り返し練習を行うことで正しい言語形式を習得するというアプローチをその言語習得観から ① 的なアプローチと呼ぶ。

44 主語や述語になることはできず、名詞修飾のみに用いられる品詞を ① という。

45 相互に通じる共通語がない状況で接触する場合に、コミュニケーションのために互いの言語を混ぜ合わせて即興的に作り出した言語を ① と呼ぶ。 ① の使用が進み、母語とする世代が登場した場合にはその言語を ② と呼ぶ。

46 授業で用いる教科書やワークブックといった、学習項目を具現化したものを ① 、ホワイトボードや絵カード、五十音図表などのような教室活動が円滑に行われるのを助ける道具や媒体を ② といい、ともに教育実践を支え、円滑な学習を助けるためにある。

47 品詞の中で、「しかし」「従って」「あるいは」のように、文頭に置いて先行する文や段落とのつながりを示すものを ① と呼ぶ。

48 「○○人は真面目だ」「最近の若者は勉強しない」のように、ある集団に対する、固定的で単純化したイメージを ① という。こうした ① は、いったん持ってしまうと変化しにくいといわれているが、 ① に基づいて物事を判断することは偏見や差別につながる。そのため、その場ですぐに判断せず、いったん判断を保留する ② が大切である。

49 学習者が、ただ教師に従って決められた内容を学ぶのではなく、自分自身の課題を見つけ、それに沿って内容・方法について選択し、実行するような学習スタイルを ① と呼ぶ。

50 1895年に総督府学務部長心得として台湾に渡った ① は、台湾郊外の芝山巌において日本語教育を開始し、この地域での日本語教育を整備した。

51 言語の教室において、同じように指導していても学習者によって習得の進み方や速度、到達度は異なるが、その要因の一つとして、 ① が挙げられる。習得に影響を及ぼす ① としては、音を識別する能力や、言語の構造などを分析したりする能力などがあるといわれている。

52 ① とは、ある一つの地域や社会において二つ以上の言語や言語変種が併用される現象のことである。

53 教師や学習者が、言語や言語教育、学習スタイルについて持っている価値観や信念などのことを総称して ① と呼ぶ。

54 ハ行の子音のように相補分布的に現れ、同じ環境には現れない音のことを ① という。

55 ① とは、話し手が相手や目的などに応じて語彙・発音・文法などの言い方を変えて用いる変種のことで、言語使用域とも呼ばれる。

56　言語研究や調査のために、実際に使用された言語を収集し、データベース化したものを　①　と呼び、そのうち、特に収集内容を学習者の作文や発話に限定したものを　②　と呼ぶ。

- -

57　コミュニカティブ・アプローチでは、練習も実際のコミュニケーションに近い状況下で言語使用が行われることを理想としている。例えば、ペアでの活動ではペア間に　①　が存在し、練習によって情報を補い合うように設定することがよいとされる。

2択クイズ

よく似ていて間違えやすい用語をしっかりと押さえましょう。知識を確認し、整理するために繰り返し練習すると効果的です。

⇨解答・解説は P.51

aとb、正しい方を選べ。

1 20世紀初頭に言語学の焦点を言語の記述へと移行し、後に近代言語学の父と呼ばれるようになったスイスの言語学者はどちらか。

   a ソシュール　　　　　**b オースティン**

2 留学生に対する政策のうち、2008年に当時の福田内閣から提唱された計画を何というか。

   a 留学生受入れ10万人計画　　　**b 留学生30万人計画**

3 日本語能力試験(JLPT)やACTFL-OPIのように、得点が正規分布になることを理想とし、受験者間の相対的な差の測定を目指したテストはどちらか。

   a 集団基準準拠テスト(NRT)　　　**b 目標基準準拠テスト(CRT)**

4 学習者の誤用に対して、教師が正しい文を述べるものの、会話や練習の流れを特に止めて学習者に訂正を促したり、正しい文の反復を求めたりせずに行うフィードバックの方法を何というか。

   a 明示的フィードバック　　　　**b 暗示的フィードバック**

5 ある言語の能力が十分ではない話者に対して、その言語の母語話者が話す場面で、ゆっくりと誇張した発音や、簡単な文法、易しい語彙が多用される話し方を何というか。

   a ベビー・トーク　　　**b フォーリナー・トーク**

6 2008年から開始された外国人看護師、外国人介護福祉士候補者の受け入れに関わる協定を何というか。

    a 経済連携協定(EPA)   b 自由貿易協定(FTA)

---

7 命令形として現れることができない動詞は次のうちどちらか。

    a 意志動詞   b 無意志動詞

---

8 長期記憶の種類について、自転車の乗り方のように、行動はできるが言葉で説明できない知識はどちらに当たるか。

    a 宣言的知識   b 手続き的知識

---

9 同じ言語共同体の成員がコミュニケーションを取ることができるのは、共同体の成員が言語に関する知識を共有しているからであるが、その知識のことを何というか。

    a ラング   b パロール

---

10 青年海外協力隊や日系社会青年ボランティアの派遣など、海外技術協力の一環として日本語教育にも関わっている外務省所管の独立行政法人はどこか。

    a 国際交流基金(JF)   b 国際協力機構(JICA)

---

11 4技能のうち、聞く技能についての指導法で、まとまった文章を読み上げて学習者がメモを取りながら内容を聞き、その後、そのメモを基に聞き取った内容についてペアやグループで話し合いながら、当初の読み上げられた内容を再生していく練習のことを何というか。

    a ディクテーション   b ディクトグロス

12 言語を自然に習得させることを目標とする教授法で、クラッシェンの第二言語習得が理論的背景にあるのはどちらか。

a ナチュラル・メソッド　　　　**b ナチュラル・アプローチ**

---

13 語順など文の組み立てにおける規則や制約について論じる言語学の分野はどちらか。

a 統語論　　　**b 形態論**

---

14 ある集団やあるカテゴリーに対して、画一的に捉えたり、簡略化したイメージや思い込みによって判断したりする見方を何というか。

a ステレオタイプ　　　**b 過剰一般化**

---

15 以下のように行われるドリル練習を何というか。

T：6時に起きます。散歩に行きます。　→　S：6時に起きて、散歩に行きます。
T：映画を見ます。買い物に行きます。　→　S：映画を見て、買い物に行きます。

a 拡張ドリル　　　　**b 結合ドリル**

---

16 文章を読む際、タイトルや目次から内容を推測する情報処理過程はどちらか。

a トップダウン処理　　　　**b ボトムアップ処理**

---

17 日本の大学への入学を希望する外国人向けに年に2回実施されている、独立行政法人日本学生支援機構が実施する日本語と基礎学力を測る試験を何というか。

a 日本留学試験（EJU）　　　**b 日本語能力試験（JLPT）**

18 共通語とは異なる語形で、ある地域で行われていた方言が、何らかの理由で若い世代を中心に取り入れられ、方言という意識で新たに用いられるようになったものを何と呼ぶか。

　　a 新方言　　　　　b ネオ方言

19 学習者がそれぞれ異なるテキストを読み、それぞれが得た情報を統合しながら、テキストの内容やテーマについて理解を深める読解活動はどちらか。

　　a ジグソー・リーディング　　　　b プロセス・リーディング

20 表す事態の意味によって動詞を分類する場合、数が少ないものはどちらか。

　　a 動態動詞　　　　　b 状態動詞

21 計画→実践→評価→改善の4段階の循環を繰り返すことで、授業改善やプログラムの改善を目指す方法を何というか。

　　a PDCAサイクル　　　　　b OODAループ

22 ハロルド・E・パーマーの直接法を取り入れ、アメリカ大使館で日本語教育を行い、『標準日本語読本』を編さんした人物は誰か。

　　a 山口喜一郎　　　　　b 長沼直兄

23 形容詞が基本形で述語となる文において、一人称だけが主体として現れるのは次のうちどちらか。

　　a 属性形容詞　　　　　b 感情形容詞

24 文章を読んでいる際、書かれている内容を理解するために推論を行うが、読んでいる最中に情報と情報の間を関連付ける推論はどちらか。

   a 精緻化推論　　　　b 橋渡し推論

25 発話の中で特に伝えたい重要な言語形式を際立たせて言う場合、その際立ちのことを何というか。

   a プロソディー　　　　b プロミネンス

26 文化的、言語的に多様な背景を持つ外国人児童生徒が増えているが、その言語能力を、対話を通して測定する支援付き評価ツールのことを何というか。日常会話はできるが、教科学習に困難を感じている児童生徒を対象としている。

   a DLA　　　　b LTD

27 街の掲示物や店の看板、ポスター、チラシなどに書かれたことばに注目し、それが見られる場所や書かれた目的、どのような機能を果たしているかという観点から考察する研究を何というか。

   a 言語景観研究　　　b 公共サイン研究

28 「約束する」「命令する」「宣言する」など、発話の中で一人称主語、現在時制で用いることにより、その行為が成立する動詞のことを何というか。

   a 遂行動詞　　　　b 発話動詞

29 年少者の第二言語習得について、学校の授業についていくための言語能力はどちらか。

   a BICS　　　　b CALP

30 日本国内で不足している分野の外国人労働者を受け入れるために、特定技能制度が開始されたのはいつか。

　　a 2009年　　　　　　　　　b 2019年

31 「傘をさす」「風邪をひく」「重い病気」のように語と語の慣習的な共起関係のことを何というか。

　　a コロケーション　　　　　b コノテーション

32 富国強兵をうたう明治政府は、国内の統一を急務として標準語の普及を急速に進めた。方言の使用をやめ、標準語を使おうとする方言撲滅運動が特に強く推進されたのはどこか。

　　a 北海道　　　　b 沖縄県

33 オンライン授業において、教師と学習者が同時刻にインターネットに接続し、ウェブ会議システムなどを用いて、対話や質問などのやり取りが可能な状況で行われる授業を何というか。

　　a 同期型　　　　b 同時型

34 統計学では、N（number）はデータ数（受験者数）、M（mean）は平均値、SD（standard deviation）は標準偏差のことをいう。受験者間で得点のばらつきがあると考えられるテスト結果はどちらか。

　　a N 12　M 75　SD 13.5　　　　　b N 18　M 78.5　SD 2.1

35 クラッシェンが提唱したモニターモデルの中で、インプットがあっても心理的な状態が悪いと習得に結び付かないことを意味する仮説はどちらか。

　　a 習得／学習仮説　　　　　　b 情意フィルター仮説

36 文化庁が作成した、日本で生活する外国人が日常生活や社会で必要とされる具体的な言語活動をこなせる能力を示す指標を何というか。

a 生活Can do　　　　　　　　**b JF日本語教育スタンダード**

---

37 動詞「開(あ)ける」は次のどちらに分類できるか。

a 自動詞　　　　**b 他動詞**

---

38 令和元(2019)年に施行された、日本国内および海外での日本語教育の充実と質の向上を図ることを目的とした法律を通称で何というか。

a 日本語教育推進法　　　　　**b 日本語教育機関認定法**

---

39 短期記憶を定着させて長期記憶にするために行うリハーサルについて、すでに知っている内容と関連付けるのはどちらか。

a 精緻化リハーサル　　　　**b 維持リハーサル**

---

40 「〜と申します」や「〜から参りました」などを用いて、自分側の行為を、話している相手、書いている読み手に対して丁寧に述べる表現のことを何というか。

a 丁重語　　　　**b 丁寧語**

---

41 キャラクターや人物の社会的役割や属性を表現するために使われ、聞くと特定の人物像がイメージされるような言葉遣いのことを何というか。

a 役割語　　　　**b 位相語**

42 「私・あなた」「今日・来週」「ここ・そこ」など、発話の文脈によって指し示す内容が変わるような表現のことを何というか。

a 照応   b 直示

43 日本語指導が必要な、外国につながりのある児童生徒のことを何というか。

a JFL 児童生徒   b JSL 児童生徒

44 「夏目漱石を読む」「ホワイトハウスが声明を発表した」のように、ある事柄と関係の深いものに置き換えて表現する比喩のことを何というか。

a メタファー   b メトニミー

45 従来の対面式集合学習にeラーニングや動画コンテンツなどを組み合わせた授業スタイルはどちらか。

a ブレンディッドラーニング   b インストラクショナルデザイン

46 「ごみをなげる（捨てるの意味）」のように、共通語と同じ語形で使われるため、話者自身に方言という意識がないことが多い語のことを何というか。

a 社会方言   b 気づかない方言

47 異文化適応過程を表すモデルについて、ある人が自文化から異文化に入り、その後また自文化に戻るまでの過程を表すモデルはどちらか。

a U カーブ   b W カーブ

48 「休み」「遊び」「つまり」など、既存の語が意味や機能を変え、別の品詞として使用されるようになることを何というか。

a 転成　　　　　b 逆成

---

49 動機づけにはさまざまなものがあるが、「日本が好きで、日本文化を理解したい」という動機づけを表すのはどちらか。

a 統合的動機づけ　　　b 道具的動機づけ

---

50 モジュール型教材は、各課の関連性が低く、それぞれが独立して使用できることが特徴である。モジュール型教材に多いシラバスはどちらか。

a 構造シラバス　　　　　b 機能シラバス

---

51 新しい文型項目を導入する際、まず例文を学習者に提示し、学習者自身にルールを類推させるような方法を何アプローチというか。

a 演繹的(えんえき)アプローチ　　　　　b 帰納的アプローチ

---

52 自分より目上のある人物について話題にする場合、聞き手や場面とは無関係にいつでも高く待遇する敬語を次のどちらに分類するか。

a 絶対敬語　　　　b 相対敬語

解答・解説

穴埋め問題

1　①　CEFR（ヨーロッパ言語共通参照枠）
　　②　日本語教育の参照枠

2　①　ミムメム練習
　　②　ミニマルペア

3　①　形態素
　　②　二重分節性　「朝、本を読んだ」という文は、「朝」「本」「を」「読ん」「だ」という形態素に分けることができ、さらに「/a-s-a-h-o-n-o-y-o-n-d-a/」という音素に分けることができる。この性質により、限られた数の音から、無限の文を作り出すことができる。

4　①　短期記憶
　　②　ワーキング・メモリー

5　①　特定技能1号
　　②　特定技能2号

6　①　タスク重視の教授法（TBLT: Task-Based Language Teaching）　PPPはPresentation（提示）、Practice（文型練習）、Production（応用練習／産出）の略で、従来の文型シラバスを中心とした指導法のことをいう。PPPは形式のみに焦点が当てられることからフォーカス・オン・フォームズ（Focus on Forms, FonFs）に分類されるのに対し、TBLTは意味を重視しながらも必要に応じて学習者の注意を言語形式にも向けさせることから、フォーカス・オン・フォーム（Focus on Form, FonF）に分類される。

7　①　コード・スイッチング　バイリンガルやマルチリンガルの言語環境でよく見られる。日本語の共通語と方言の使い分けもコード・スイッチングの一つである。

8　①　日本語教育コーディネーター　同報告では、日本語教育人材として日本語教師、日本語教育コーディネーター、日本語学習支援者と3種類に分類している。

9　①　恣意性　／イヌ／や／ネコ／という音声とそれが指すものとの関係は「日本語」の中で決められている結び付きであって、いつでもどこでも必然的に結び付く関係性ではない、という特徴である。
　　②　擬音語　ドアをノックする音を「コンコン」と表すように、言語表現としての擬音語は音と結び付くものであるため、両者の関係性にはある程度の必然性がある。

10 ① メタ認知
② 学習ストラテジー

11 ① 文字　② 音声
③ 受容　④ 産出

12 ① やさしい日本語

13 ① 品詞
② 形容詞　名詞も「です／である／だ」が後続すれば述語となることができる。「です／である／だ」を独立した品詞として「判定詞」とする場合もあるが、学校文法では「助動詞」の中に含める。

14 ① ニーズ　日本語教育におけるニーズは、学習者が日本語を学ぶ目的や伸ばしたい技能などのことである。
② レディネス　レディネスは、学習者が既に持っている日本語能力や日本語学習に対する準備状況などのことである。

15 ① 異形態

16 ① 公用語　複数の異なる言語や方言を公用語として定める国もあれば、その国で使われている複数の言語の中の一つを公用語とする国もある。日本には日本語を公用語とする規定はない。

17 ① 言語類型論　統語的特徴（語順など）による類型もよく知られている。
② 膠着語　中国語は孤立語、英語は屈折語とも分類されるが、他の特徴を併せ持つこともあり、言語類型論の分類は必ずしも絶対的なものではない。

18 ① スキャフォールディング（足場掛け）
② 最近接発達領域　発達の最近接領域（ZPD: Zone of Proximal Development）ともいう。ここでいう有能な他者とは、教師などの大人のほか、その子どもよりも能力の高い子どもも含む。この考え方は子どもだけでなく大人の学習者にも当てはめることができる。

19 ① シソーラス

20 ① 方言周圏論　古い方言形がより離れた地域に残存する現象を捉えたもので、柳田が著書『蝸牛考』において「かたつむり」を意味する語の分布を基に主張した。

21 ① 副詞　疑問と呼応する「いったい」のように、文を修飾する場合は「文修飾副詞」と呼ばれる。

22 ① 日本語能力試験(JLPT)
　② N1
　③ 課題遂行

23 ① **アクション・リサーチ**　アクション・リサーチは比較的小規模、状況密着型で行われるものなので、結果の一般化については注意が必要である。

24 ① **モーラ(拍)**　「さかな」という語であれば母語話者は「さ」「か」「な」それぞれが同じ長さを持っていると考える。また撥音や促音、長音などの特殊拍も日本語母語話者は１モーラと考える。

25 ① **構造シラバス(文法シラバス、文型シラバス)**
　② **機能シラバス**
　③ **場面シラバス**

上記のほかに、達成できる課題によって分類された課題シラバス(タスクシラバス)や目標言語を用いて「〜ができる」という能力記述文で整理・構成されたCan doシラバスなどがあり、幾つかのシラバスを組み合わせたものを折衷シラバス(複合シラバス)という。シラバスの作成時期によって先行シラバスや後行シラバス、プロセスシラバス(可変シラバス)などにも分類される。

26 ① **集団語**　スラングやジャーゴン(隠語、職業語)も集団語に含まれる。隠語は特定の仲間うちだけに通用する言葉。「警察」⇒「サツ」、「家宅捜索」⇒「ガサ入れ」(ガサは「さがす」を反対から読んだもの)などがある。

27 ① **選抜的評価**　学校の入学試験や日本語能力試験など。
　② **診断的評価**　レディネス調査やプレースメントテストなど。
　③ **形成的評価**　小テストや単元ごとのまとめテストなど。
　④ **総括的評価**　期末テストなど。

28 ① **インプット**
　② **インターアクション**　それぞれ「インプット仮説」「アウトプット仮説」「インターアクション仮説」と呼ぶ。

29 ① **上位語**　包摂される概念である「キュウリ」「トマト」は「野菜」という語に対して下位語と呼ばれる。なお、上位語、下位語という概念は相対的なものであり、「野菜」という語はさらに上位に「食材」という語を想定すれば、「肉」や「穀物」といった語と並んで「食材」の下位語となる。

30 ① **ポートフォリオ**　これらを評価の対象とすることで、成長の可視化とともに、自身の学習に対する内省の機会が与えられ、自律的な学習を促進する効果があるといわれている。

② **ティーチング・ポートフォリオ** ティーチング・ポートフォリオは自らの授業を振り返る
材料として活用されるとともに、自らの業績を証明する資料ともなり得る。

31 ① **テンス（時制）** 日本語のテンスは述語の基本形／ル形とタ形によって対比的に表すこと
ができる。
② **アスペクト（相）** アスペクトを表す典型的な形式は「テイル形」である。

32 ① **パターン・プラクティス**
② **反復ドリル（リピートドリル）**
③ **代入ドリル（置換ドリル）**
④ **変形ドリル**

パターン・プラクティスは、教師が提示したキュー（cue、刺激）に素早く反応できるようになること
を目的とした機械的な練習である。上記のほかに結合ドリル、拡張ドリル、完成ドリル、問答ドリル
などがある。

33 ① **リンガフランカ** 元々は中世の地中海沿岸における商用場面で広く使用された言語の総
称である。 現在は、英語が世界のリンガフランカであるが、時代の移り変わりとともにリ
ンガフランカの役割を持つ言語は変化する可能性がある。

34 ① **漢字圏** 漢字圏出身でない学習者については、非漢字圏の学習者と呼ぶことがある。

35 ① **格助詞** ガ格・ヲ格・ニ格・カラ格・ト格・デ格・ヘ格・マデ格・ヨリ格などがある。

36 ① **中間言語** 目標言語の習得段階に応じて変化していく学習者特有の言語体系である。
② **フィードバック** 仮説の検証には、エラーとそれに対するフィードバックが重要。

37 ① **取り出し授業**
② **入り込み授業**

38 ① **派生語** 「折り畳み傘」のように、語基（語の意味の中心となる部分）が二つ以上結合してで
きた語は複合語と呼ばれる。

39 ① **LMS** LMSとは、Learning Management Systemの略語で、学習管理システムと呼ばれ
ることもある。Canvas、Google Classroom、Moodleなどがこれに当たる。

40 ① **言語変種** 地域によって異なるアクセントがあり、社会的役割に応じて異なる語彙が使わ
れる。場面によって使われる表現が変わることもある。この一つ一つが言語変種である。

41 ① **文化変容**

② **ソーシャル・サポート**

42 ① **提題助詞**　「田中さんは昨日来なかったよ」「は」が提題助詞。

② **終助詞**　上記の例文で文末の「よ」が終助詞。

43 ① **行動主義**　行動主義的な教育法では、「刺激（音や絵による導入）」と「反応（学習者の発音）」、「強化（繰り返し練習）」により、学習がなされると考える。

44 ① **連体詞**　「大きな／小さな」や「いわゆる」などが連体詞として分類される。

45 ① **ピジン**　ピジンの音声や文法は単純化しており、語彙も限定的である。

② **クレオール**　クレオールは、独自の文法体系と豊かな語彙からなる複雑な言語体系を持つ生活言語である。例えば、中米のハイチにおけるハイチ語は公用語となったクレオールである。

46 ① **教材**　教科書やワークブックのほか、特定の順番や進度が想定されていないモジュール型教材、新聞やニュース番組のような生教材など。

② **教具**　絵カード、文字カードやフラッシュ・カード、レアリアなど。

47 ① **接続詞**

48 ① **ステレオタイプ**

② **エポケー**

49 ① **自律学習**　特に、学習者が自律学習を遂行する能力については「学習者オートノミー（学習者の自律性）」と呼ぶ。

50 ① **伊澤修二**

51 ① **言語適性**

52 ① **ダイグロシア**　併用されている二つの言語や言語変種は、公的場面と私的場面で使い分けられるなど社会的機能が異なることが多い。

53 ① **ビリーフ**　教師のビリーフは信念であり、教師が決断する活動を左右する基盤である。ただ、一度決定すれば変わらないものではなく、可変的なものでもある。

54 ① **条件異音**　ハ行子音の場合、「ハ」「ヘ」「ホ」の子音は [h]（無声声門摩擦音）、「ヒ」の子音は [ç]

（無声硬口蓋摩擦音）、「フ」の子音は[Φ]（無声両唇摩擦音）で発音され、その出現する環境は子音によって決まっている。環境異音ともいう。

55 ① **レジスター**　使用域とは、場面や役割に応じて話し手が使い分ける言語変種の使用範囲を指す。

56 ① **コーパス**
    ② **学習者コーパス**　学習者コーパスとしては、「I-JAS」「B-JAS」「BTSJ」コーパスなどがある。

57 ① **インフォメーション・ギャップ**

2択クイズ

1 **a ソシュール（Ferdinand de Saussure）**　オースティン（John Austin）は英国の言語哲学者で発話を行為と捉える「発話行為論」を提唱した。

2 **b 留学生30万人計画**　「留学生受入れ10万人計画」は1983年に中曽根内閣が策定した留学生受け入れに関する政策で、21世紀初頭までにフランス並みの10万人以上の留学生を受け入れることを目標としたものである。

3 **a 集団基準準拠テスト**（Norm-Referenced Test、NRT）　相対評価である集団基準準拠テストに対し、**目標基準準拠テスト**（Criterion-Referenced Test、CRT）は絶対評価であり、ほかの受験者の得点と比較せず、到達目標の達成度や受験者個人の学力の伸びを測定する。授業で行われる小テストや定期試験などは目標基準準拠テストであることが多い。

4 **b 暗示的フィードバック**　暗示的フィードバックに対して、学習者の誤用に対して会話の流れを一度遮断し、誤りがあったことを指摘したり、正解文の再産出を学習者に求めたりする方法を明示的フィードバックという。

5 **b フォーリナー・トーク**　どちらも言語能力が不十分な相手への話し方だが、フォーリナー・トークは異なる言語の話者への話し方であるのに対し、ベビー・トークは親が子どもに話す際に特徴的に見られる。マザーリーズともいう。

6 **a 経済連携協定（EPA）**・2国以上の国または地域で、関税の撤廃など経済活動を活性化させるための取り決めのこと。人の移動も対象としており、日本は2008年からインドネシア、フィリピン、2014年からはベトナムからの看護・介護分野での候補生受け入れを開始した。自由貿易協定（FTA）は、2国以上の加盟国間での貿易障壁を撤廃または削減する合意のこと。

7 **b 無意志動詞** 命令、依頼、勧誘など人の意志が関わる表現には意志動詞のみが現れる。

8 **b 手続き的知識** 言葉で説明できないが意識せずに使えるのが手続き的知識で、説明できるが自動化されていないのが宣言的知識。

9 **a ラング** 母語話者に共有される言語的知識の総体である「ラング」に対し、「パロール」はその知識に基づき、個々人が実際の言語活動の場面で発話したもの。言語の構造の解明はラングを分析対象とすべきで、パロールは副次的なものと考えられる。また、ラングは抽象的概念であるのに対し、パロールは個別の音声器官を経て生み出される物理的なものと考える。

10 **b 国際協力機構（JICA）** 国際交流基金（Japan Foundation）は1972年に設立された日本と世界各国との相互理解と友好関係を深めるための文化交流を推進することを目的とした独立行政法人のこと。日本語教育専門家の派遣も行っている。国際協力機構も日本語教師の派遣を行っているが、海外技術協力の一環で行われている点で国際交流基金の日本語教師派遣とは目的が異なっている。

11 **b ディクトグロス** ディクテーションも聞く練習であるが、一人で行うことが多く、文、語句を一語一句そのまま聞き取り、書く練習である。

12 **b ナチュラル・アプローチ（Natural Approach）** ナチュラル・メソッド（Natural Method、自然主義教授法）は19世紀後半に幼児の母語習得を基盤に提唱された教授法の総称である。代表的なものとして、グアンのグアン式教授法（サイコロジカル・メソッド、シリーズ・メソッドともいう）やベルリッツのベルリッツ・メソッドなどがある。

13 **a 統語論** 形態論は形式を論じる分野で、その中で意味または文法機能を持つ最小の単位を形態素と呼ぶ。この形態素がどのように結び付くか、そこにどのような規則と制約があるかを論じるのが統語論である。

14 **a ステレオタイプ** 異文化接触の場では、ステレオタイプのために相手を理解する上で偏見が生じることがある。過剰一般化は、学習した言語的ルールを当てはまらないところにまで適用する現象で、母語や第二言語の習得過程によく見られる。

15 **b 結合ドリル** 拡張ドリルは、教師が出すキューを次々とつなげ、より長い文を作っていく練習で、ともにパターン・プラクティスの練習の一つである。

［拡張ドリルの例］

    T:食べます　→　S:食べます　　　　　　T:パンを　→　S:パンを食べます

    T:7時に　→　S:7時にパンを食べます　　T:毎朝　→　S:毎朝7時にパンを食べます

16 **a トップダウン処理**　細かいことを一つ一つ集めて全体を理解するのがボトムアップ処理、大枠から理解していくのがトップダウン処理。

17 **a 日本留学試験（EJU）**　日本語能力試験も年に2回実施され、日本の大学入学の基準となることもあるが、日本の大学入学希望者のために開発、実施されている試験ではない。

18 **a 新方言**　「うざい」は新方言の代表例である。ネオ方言も若い世代を中心に使われるが、方言と共通語が接触する形で生じた混交形が方言として用いられているものである。例えば、大阪方言の「ケーヘン」と共通語の「コナイ（来ない）から「コーヘン」という形が生じている。

19 **a ジグソー・リーディング**　プロセス・リーディングは学習者が同一テキストを読んだのち、互いの読みの過程を共有しながら理解を深めていく読解活動のことである。両者は仲間（peer、ピア）との対話を通して読みの過程を共有する読解活動という点から、ピア・リーディングという活動に含まれる。

20 **b 状態動詞**　動詞は基本的に動きを表すものである。「ある」「いる」など存在や所有など状態を表すものも存在するが、数は限られる。

21 **a PDCAサイクル**　PDCAサイクルは、Plan（計画）→Do（実践）→Check（評価）→Act（改善）の頭文字を取ったもの。業務マネジメントや品質管理の方法として確立した方法であるが、教育においてもカリキュラム・マネジメント、授業改善の方法として用いられている。短期的な意思決定方法を抽象化したものとしてOODAループ（O〈観察〉→O〈方向づけ〉→D〈意思決定〉→A〈行動〉）がある。

22 **b 長沼直兄**　山口喜一郎は日本統治時代の台湾においてグアン式教授法を参考に直接法の導入を進め、台湾での日本語教育において指導的な役割を果たした。

23 **b 感情形容詞**　日本語の感情形容詞では「（私は）うれしいです」のように発話者である一人称だけが主体となる。これに対して「海は広い」の「広い」などのように属性を表す形容詞の主語に人称の制約はない。

24 **b 橋渡し推論**　関連が明示されていない情報を関連付けるのが橋渡し推論で、必ず読んでいる最中に行われる。一方、内容をより詳細に理解するための推論を精緻化推論と呼ぶが、これは読んだ後に起こることもある。

25 **b プロミネンス**　プロソディーは「韻律」とも呼ばれ、単音ではなく音のまとまり全体にかかる高さや長さなどの特徴のこと。プロミネンスは「卓立」とも呼ばれ、文の中の重要な場所、際立たせたい場所（フォーカス）を高く発音したり、強く発音したりすること。

26　**a DLA**　DLA は「Dialogic Language Assessment」の略で、「外国人児童生徒のための JSL 対話型アセスメント」ともいう。会話の流暢度(Conversation Fluency)、弁別的言語能力(Discrete Language Skills)、教科学習言語能力(Academic Language Proficiency)の三つの観点から能力を測定する。一方、LTD は「Leaning Through Discussion」の略で、話し合い学習法といわれ、予習とミーティングから構成される読解活動であり、仲間との対話と通して課題文やテーマの理解を深めることから、協働学習の一つに位置付けられる。

27　**a 言語景観研究**　公共サインは、不特定多数の人に向けて公共性の高い情報を表示する役割を持ち、国や自治体、交通機関などの公的機関によって設置される。

28　**a 遂行動詞**　「今日、すしを食べます」と発話しても「すしを食べる」という行為は遂行されないが、「明日提出することを約束します」と発話することで「約束する」という行為は遂行されていることから「遂行動詞」と呼ばれる。

29　**b CALP**　BICS とは Basic Interpersonal Communication Skills の略で、生活言語能力／日常言語能力。CALP とは Cognitive Academic Language Proficiency の略で、認知学習言語能力／学習言語能力のこと。

30　**b 2019年**　日本語教育の推進に関する法律(日本語教育推進法)の公布、施行も 2019年であることも併せて覚えておきたい。なお、2009年は入管法の改正が行われ、就学が留学に統合されたり、新たに「技能実習」の在留資格が設けられたりした重要な年なので、これも覚えておきたい。

31　**a コロケーション**　「コノテーション」とは、辞書に記載されている明示的な意味「デノテーション」に対して、辞書には記述されていないが、多くの人が共有している「語のイメージ」のこと。「言外の意味」「含意」ともいわれる。

32　**b 沖縄県**　方言撲滅運動により、各地方の方言の価値が相対的に低下し、現在の方言に対する人々の意識に影を落としている。教育現場では、方言を使った児童に「方言札」を見せしめとして首にかけさせるという過酷で抑圧的な指導が徹底された。北海道ではアイヌ語が迫害の対象となり、現在消滅危機言語の一つとなっている。

33　**a 同期型**　録画された動画の視聴など、学生がそれぞれの生活スタイルに合わせた時間帯を選んで受けるオンライン型授業を非同期型授業という。

34　**a N 12　M 75　SD 13.5**　標準偏差により、平均値からのばらつきを知ることができ、その数値が大きいほど散らばり具合が大きい(学習者間の得点の差が大きい)ことを示している。

35 **b 情意フィルター仮説**　「習得／学習仮説」とは、習得と学習を区別し、学習された知識は習得に結び付かないとする仮説。モニターモデルには他に、インプット仮説・モニター仮説・自然習得順序仮説がある。

36 **a 生活Can do**　JF日本語教育スタンダードは独立行政法人国際交流基金が開発した言語教育環境をデザインする際の枠組みで、生活の日本語だけに焦点を当てた指標ではない。

37 **b 他動詞**　「ドアを　開ける」のように対格のヲ格を取る動詞は他動詞である。「開(あ)く」は「ドアが　開(あ)く」とガ格のみでヲ格を取らないので自動詞と分類する。ただし「運動場を走る」の場合のヲ格は場所を表す格で、「走る」は他動詞ではなく自動詞である。

38 **a 日本語教育推進法**　日本語教育機関認定法は日本国内の日本語教育機関の質の保証と向上を目指し、日本語教育の質を確保するための基準と認定制度で、2024年4月に施行された法律である。

39 **a 精緻化リハーサル**　維持リハーサルとは、何度も書いたり口に出したりして反復すること。

40 **a 丁重語**　謙譲語Ⅱとも呼ばれる。謙譲語Ⅰが行為の向かう相手や第三者を立てるために、その人物に対して行う自分の動作を低く表現するのに対し、謙譲語Ⅱである丁重語は、話している／書いている相手に対し、丁寧に話していることを表現するもの。丁寧語は文末の「です」「ます」「でございます」などで、同じく話している／書いている相手に対する丁寧さを表現するもの。

41 **a 役割語**　位相語は、言語外の要因、例えば話者の属性(性別や年齢、職業)の違いに応じて使われる異なった言葉のことで犬のことを「ワンワン」と言う「幼児語」や、「若者言葉」などが代表的な例である。

42 **b 直示**　「直示」は「ダイクシス」ともいい、発話の文脈によって指し示すものが変わるので、話す場面が変わる間接引用などでは、調整が必要。「照応」は、主に指示詞を用いた文脈指示などで、対応する情報の位置によって前方照応(対応する情報が前にある)と後方照応(対応する情報が後ろにある)がある。

43 **b JSL児童生徒**　JSLはJapanese as a second language(第二言語)の略である。JFLはJapanese as a foreign language(外国語としての日本語)の略として用いられる。外国につながりがあり、日本語学習の必要な児童生徒はJSL児童生徒と呼ばれることが多い。

44 **b メトニミー**　置き換えて表現することから「換喩」と呼ばれる。「メタファー(隠喩)」は、類似性に基づく比喩で、ある事柄と似た別の事柄で表現するもの。「矢の督促」「足が棒になる」のようなもので、「〜ようだ」「〜らしい」など似ていることを表す明示的な表現は使用しない。

45 **a ブレンディッドラーニング**　ブレンディッドラーニングはさまざまな学習方法を組み合わせた教育方法で、それぞれの利点を生かしつつ欠点をカバーすることで、より効率的で効果の高い学習が実現できるといわれている。インストラクショナルデザイン（Instructional Design、ID）は、「効果・効率・魅力」の向上を目指した教育手法の総称で、ブレンディッドラーニングはIDの一つである。IDには、学習意欲に関するARCSモデル、ゲーム要素でやる気を高めるゲーミフィケーションなどがある。

46 **b 気づかない方言**　「なげる」は北海道や東北地方で「捨てる」を意味する方言である。社会方言は、性別や年齢、職業や社会的役割などの属性に応じて使い分けられることばである。

47 **b Wカーブ**　Uカーブとは、自文化から異文化に入ったときの心理状態を表すモデル。異文化に入ったとき、初めは物珍しさや新鮮さから楽しく感じられる（ハネムーン期）ものの、徐々に違和感やショックを覚える（ショック期）が、さらにその後よい関係を築くことができる（回復期）。

48 **a 転成**　「逆成」は「目論見」から「目論む」という語ができるように、もともと派生語ではない語の語末部分を派生語尾として扱い別の新しい語を作り出すことをいう。

49 **a 統合的動機づけ**　目標言語・目標文化を理解したいと思うのが統合的動機づけで、仕事のために必要、日本語でアニメや漫画を見たい、というように「〇〇のために」と考えるのが道具的動機づけ。

50 **b 機能シラバス**　モジュール型教材は積み上げ式の教材とは異なり、各課で完結しているため、学習者のニーズに応じて自由に組み合わせて学習できる。積み上げ式の教材は、構造シラバスが用いられることが多い。

51 **b 帰納的アプローチ**　演繹的アプローチは、新しい文法項目を導入する際、学習者に文法規則を提示しながら導入し、例文の紹介を行い、その後練習に移行する方法のことをいう。

52 **a 絶対敬語**　韓国語の敬語は目上の人に関することを述べる場合、聞き手との関係に関わりなく同じ形式を取る絶対敬語と分類される。それに対して日本語の敬語は、聞き手や場面の違いによって形式が変化する相対敬語である。例えば、上司について社内の人と話す場合と社外の人と話す場合で敬語の表現が変化する。

問題1　⇨解答・解説は P.102

次の（1）～（12）の問いに答えよ。

（1）近年の在留外国人数の動向に関して最も適当なものを、次の1～4の中から一つ選べ。

　1　在留外国人数の大部分は留学生であり、技能実習生の割合は少ない。
　2　在留外国人数は2022年に初めて300万人を突破した。
　3　最も多い出身国はベトナムで、次いで中国となっている。
　4　新型コロナウイルスの流行以降、在留外国人数は減少傾向にある。

（2）技能実習に関する記述として最も適当なものを、次の1～4の中から一つ選べ。

　1　技能実習制度により、外国人労働者は日本での就労に必要な語学のみを学ぶことが可能で、専門技術の習得は含まれていない。
　2　人材育成による国際貢献や途上国への技術移転を目標とされてきた制度であるが、安い労働力の安易な確保策という批判が多い。
　3　外国人労働者が日本でのみ利用可能な専門技術や知識を学ぶためのもので、最長3年間の期間が設けられている。
　4　技能実習生は本人の希望によって勤務先を変更することができなかったが、2019年の制度改正により現在は変更が可能となっている。

（3）日本の大学・短期大学・高等学校・専修学校などで学ぶ外国人留学生の動向に関する記述として<u>不適当</u>なものを、次の1～4の中から一つ選べ。

　1　日本政府は2023年の教育未来創造会議で、2033年までに外国人留学生を40万人受け入れる目標を示した。
　2　かつては日本語学校で学ぶ外国人のために「就学生」という在留資格があったが、2009年の入管法の改正により「留学」に一本化され、それ以降留学生数が増加した。
　3　日本企業に就職する留学生の数は2023年時点で1万人に満たず、その数を増やすことが政府の目標となっている。
　4　留学生30万人計画は、開発途上国援助のための貢献というよりも、高度外国人材の獲得を目的としていた。

（４）海外の日本語教育の動向に関する記述として<u>不適当なもの</u>を、次の１～４の中から一つ選べ。

1 日本語教育機関数・日本語教師数・日本語学習者数の全てが最も多い地域は東アジアである。
2 中国は2000年代まで日本語学習者が最も多い国であったが、教育課程の改革や少子化の影響もあり、近年は日本語学習者の数が減少している。
3 国際交流基金の2021年度海外日本語教育機関調査によると、調査開始から過去42年間で日本語教育の実施国・地域数は2倍に増加している。
4 全世界の初等教育段階の日本語学習者のうち、8割をオーストラリアが占めている。

（５）韓国の日本語教育の歴史に関する記述として最も適当なものを、次の１～４の中から一つ選べ。

1 2002年から高等学校の教育課程で第二外国語の選択科目として日本語が編入された。
2 1910年から45年までの日本統治下の朝鮮において、日本語教育は外国語教育としてではなく、「国語」教育として学校教育の中で強制的に実施された。
3 2010年代から初等学校において日本語が正規科目で教えられており、韓国内の全学習者数の5割を占める。
4 1990年代後半から段階的に進められた日本の大衆文化の開放が進んだが、日本語学習者の増加には結び付かなかった。

（６）日本語試験「JFT-Basic」に関する記述として<u>不適当なもの</u>を、次の１～４の中から一つ選べ。

1 2019年に日本財団によって開発された主に就労目的の外国人を対象としたテストである。
2 日本国内と海外どちらでもコンピューターを通して受験をすることができる。
3 入門から初級レベルの日本語能力を対象としており、日本での生活や仕事で必要とされる基本的な言語コミュニケーションスキルを有しているかを評価する。
4 テストは「文字と語彙」「会話と表現」「聴解」「読解」の4セクションで構成されている。

（７）「生活者としての外国人」に対する地域日本語教育に関する記述として最も適当なものを、次の１～４の中から一つ選べ。

1 この教育プログラムは、認定を受けた国際交流協会などの公的な機関で、無料で外国人住民に提供されている。
2 地域日本語教育に従事する全ての日本語教師は登録日本語教員としての国家資格を持つ必要がある。
3 ニューカマーが増加した1960年代から「生活者としての外国人」に対する地域日本語教育の必要性が主張されるようになった。
4 文化庁による地域日本語教育の施策として、『「生活者としての外国人」のための日本語教育ハンドブック』が作成された。

（8）「やさしい日本語」に関する記述として最も適当なものを、次の1〜4の中から一つ選べ。

1　NHKでは「やさしい日本語」に言い換えてニュースを配信するサービスを行っている。
2　「やさしい日本語」には明確なルールがあり、使用者は研修を受けることが必須とされている。
3　「やさしい日本語」は医療現場においては命に関わる可能性があるので使用することが認められていない。
4　「やさしい日本語」に関する研究は、2011年の東日本大震災をきっかけに始まった。

（9）日本国内の多文化共生に関する施策についての記述として最も適当なものを、次の1〜4の中から一つ選べ。

1　多文化共生を推進するために、日本では「やさしい日本語」を公式文書に使用することを義務付ける条例が複数の自治体によって制定されている。
2　総務省は日系南米人など外国人住民の増加を背景に「地域における多文化共生推進プラン」を策定しており、2020年に改訂している。
3　日本政府は、外国人労働者の受け入れを制限することで、日本人の雇用を維持しようとする政策を採用しており、これが多文化共生の主要な戦略である。
4　2010年に日本で初めて「多文化共生条例」を制定したのは静岡県浜松市であり、その後、多文化共条例を制定する自治体が増加している。

（10）CEFRに関する記述として不適当なものを、次の1〜4の中から一つ選べ。

1　言語口頭能力を測るガイドラインとして、ヨーロッパのみならず世界中で活用されている。
2　CEFRが目指す言語教育は行動中心のアプローチであり、学習者主体の教育観が反映されている。
3　CEFRの補遺版として2018年にCEFR-CVが出版されたが、その根底にある「複言語・複文化主義」の考え方は変わっていない。
4　ヨーロッパ言語共通参照枠として知られ、言語学習者の能力をＡ１からＣ２までの６段階に分類している。

（11）外国人児童生徒に対する日本語教育に関する記述として最も適当なものを、次の1〜4の中から一つ選べ。

1　外国人児童生徒が在籍する学校には、「生活言語」と「学習言語」の習得、外国人児童生徒の母語の保持を目指す国際学級を設置することが義務付けられている。
2　学齢期にある外国人児童生徒が学校に行っていないという不就学の問題がクローズアップされるようになり、各自治体に外国人児童生徒のための夜間中学を開設する動きが高まっている。
3　増加する一方の外国人児童生徒のための日本語教育を政策的に位置付け、学校現場で日本語教育を担える教員を育成する動きが政府によってなされている。

4 外国人児童生徒への日本語教育プログラムは、「特別の日本語教育課程」として全ての地域で均一なカリキュラムと質を保証されており、国によって統一された教育内容が提供されている。

(12)日本に住む外国人に関する記述として<u>不適当なもの</u>を、次の1〜4の中から一つ選べ。

1 在留外国人は、戦前戦後の混乱期に、朝鮮や台湾から移住してきたオールドカマーと呼ばれる人々と、主に1980年代以降に移住してきたニューカマーと呼ばれる人々に分けられる。
2 インドシナ難民の定住支援として姫路市、大和市に定住促進センターが開設され、日本語教育や職業訓練が行われたが、現在も難民に対する日本語教育の拠点として使用されている。
3 中国帰国者定着促進センターでは中国帰国者のための日本語教育や生活支援が行われたが、現在は閉鎖され、現在は中国帰国者支援・交流センターが自立生活の支援を行っている。
4 1990年に出入国管理および難民認定法が改正され、日系人に対する優遇措置が認められ、日系3世に対しては定住者という就労制限のない在留資格が与えられるようになった。

問題 2

⇒解答・解説は P.104

次の(1)〜(12)の問いに答えよ。

(1)2010年に改定された常用漢字表について説明した文として<u>不適当なもの</u>を、次の1〜4の中から一つ選べ。

1 全ての都道府県名の漢字が常用漢字として網羅されている。
2 常用漢字は2136字となり、それ以外の漢字は表外字とされる。
3 「璽」や「朕」といった、日常の使用が極めてまれな漢字も含まれる。
4 法令、公用文書、出版物などに用いるべき範囲の漢字表として告示された。

(2)会話において、発話の順番を話者が交代するターン・テイキングが起こる場所の合図として<u>不適当なもの</u>を、次の1〜4の中から一つ選べ。

1 文や語句の切れ目などの文法的な特徴が合図となる。
2 どのぐらい長く話したかという時間的な特徴が合図となる。
3 声の大きさ、テンポ、イントネーションなどのパラ言語的な特徴が合図となる。
4 手の動きや体を揺らすなどの動作学的な特徴が合図となる。

（3）高コンテキスト文化におけるコミュニケーションスタイルの発話の例として最も適当なものを、次の1～4の中から一つ選べ。

1 「それ、貸してよ。」
2 「そのはさみ、いまお使いですか。」
3 「すみません、そのはさみをお借りしたいんですが…。」
4 「そのはさみ、ちょっと借りてもいい？」

（4）日本語学習者が、コミュニケーションを達成するためにコミュニケーション・ストラテジーを用いた例として、<u>不適当なもの</u>を、次の1～4の中から一つ選べ。

1 会話の途中で、水道の「蛇口」を意味する日本語が言いたかったが、わからなかったので、手で蛇口をひねる動作をした。
2 相手の話す日本語が聞き取れなかったので「すみません、もう一度お願いします」と言った。
3 料理について話している途中で「うなぎ」を意味する日本語が言いたかったが、わからなかったので、その部分だけ英語を使って「Eel、好きですか」と聞いた。
4 スポーツの話題になった時、自分はスポーツが好きではなく、ルールなどもわからないので「違う話をしましょう」と言った。

（5）アコモデーション理論を説明する例として<u>不適当なもの</u>を、次の1～4の中から一つ選べ。

1 祝賀のスピーチで改まった話し方をしていたが、途中であえて友達言葉に切り替えて話した。
2 授業を担当する学生に対して、教員が心理的距離を縮める目的であえて若者言葉を使った。
3 転校した先の同級生たちになじもうとして、自分の話し方を同級生の言葉遣いに合わせた。
4 ある地方から来た学生が、進学先の学生たちの話し方には合わせず故郷の方言を使い続けた。

（6）日本語の表記の目安を示す「現代仮名遣い」や「外来語の表記」は、言語政策のどの段階で行われたと考えられるか。最も適当なものを、次の1～4の中から一つ選べ。

1 席次計画　　　2 実体計画
3 普及計画　　　4 地位計画

（7）文化庁が2007年に答申した「敬語の指針」に基づいて、謙譲語の使用が最も適当な文を、次の1～4の中から一つ選べ。

1 （同僚に）「佐藤さん、こちらの資料をお客さまにお渡ししてください。」
2 「社長は、得意のシャンソンもご披露してくださいました。」
3 （電話で）「このあと、3時の札幌行の飛行機にご搭乗します。」
4 「先輩方には、長い間熱心にご指導していただきました。」

（8）文化庁が2007年に答申した敬語の指針に基づいて、最も適当な文を次の1〜4の中から一つ選べ。

1 これから、社長がお見えになられます。
2 すみませんが、隣の窓口で伺ってください。
3 国王がお話しになっていらっしゃいます。
4 私たちを出口までご案内してくださいました。

（9）言葉がゆれている現象を説明した文として不適当なものを、次の1〜4の中から一つ選べ。

1 共通語と方言が併用されている。
2 「書けれる」というれ足す言葉がある。
3 「ドラマ」という語に頭高型と平板型のアクセントがある。
4 「伺う」を二重敬語化した「お伺いする」という形がある。

（10）自分とは異なる文化に対する姿勢や考え方について述べた文のうち、他と性質の異なるものを、次の1〜4の中から一つ選べ。

1 自分の文化にも、他のどの文化にも、その文化ならではの独自性を認め、尊重して接しようとする。
2 自分の文化に基づく主観や経験を大切な基準として、他の文化の価値を捉えていこうとする。
3 異なる文化に関心を持ち、その文化の歴史的経緯や発展を偏見なく捉えようとする。
4 さまざまな文化を知り、経験することを通じて、自分の文化を客観視して捉えようとする。

（11）社会方言における属性を構成する概念として不適当なものを、次の1〜4の中から一つ選べ。

1 性別
2 年齢
3 職業や社会的役割
4 出身地域

（12）カナルとスウェインによって四つに分類されたコミュニケーション能力に属する概念を示す語として不適当なものを、次の1〜4の中から一つ選べ。

1 ストラテジー能力
2 談話能力
3 伝達能力
4 文法能力

問題 3 ⇨解答・解説は P.107

次の（1）〜（12）の問いに答えよ。

（1）人間がある発話を理解する際には、その発話で使われている言葉の辞書的な意味を理解するだけでなく、スキーマが重要である。スキーマの例として最も適当なものを、次の1〜4の中から一つ選べ。

1 「鳥」の典型例は、文化によって異なる。
2 3歳の子どもが、犬や猫、ハトなど歩いている動物を全て「ワンワン」と表現する。
3 「花見」の「花」は、桜を意味する。
4 「4月」という言葉から、進学や進級、入社式、新しい友達などがイメージされる。

（2）読解のストラテジーのうち、「スキャニング」の例として最も適当なものを、次の1〜4の中から一つ選べ。

1 新聞記事を読むとき、見出しを見て内容を推測してから読む。
2 未知語が多く含まれた文章を読むとき、わからない単語を一つずつ調べながら、丁寧に読む。
3 新しくできたレストランを紹介する記事から、レストランの場所と営業時間を読み取る。
4 論文を読むとき、各段落の最初と最後の文を読み、おおまかな内容を読み取る。

（3）効率的に記憶したり、流暢（りゅうちょう）で正確に言語を運用したりするために、人間の脳はチャンクを活用している。このチャンクの説明として不適当なものを、次の1〜4の中から一つ選べ。

1 人間が短期記憶に保持できるチャンクの数は、7±2と言われている。
2 言語習得の初期においては、処理できるチャンクの大きさは限られているが、習得が進むにつれ大きなチャンクを、一度に処理できるようになる。
3 流暢（りゅうちょう）な言語運用のためには、チャンクの構成要素について一つ一つ意味を理解しておく必要がある。
4 学習者は中間言語において、目標言語の母語話者とは異なるチャンクを形成していることがある。

（4）言語が使えるようになるためには、文法のさまざまなルールを知って使えるようになるとともに、語彙知識も必要である。この語彙知識に関する説明として不適当なものを、次の1～4の中から一つ選べ。

 1　人間が持つ語彙知識は辞書に例えられるが、一般的な辞書とは違って、単語の音声や意味、表記はネットワークを作った状態で脳内に格納されている。
 2　語彙知識には、広さと深さという二つの観点がある。
 3　語彙習得が完了した成人の母語話者の場合でも、脳内の語彙ネットワークは人によって異なる。
 4　母語と第二言語の語彙知識は、別々に発達するため、新しい言語を学習する際には新しい語彙ネットワークを獲得する必要がある。

（5）学習者は習得過程においてさまざまな誤用を産出するが、次の誤用のうち、言語内誤用に当たるものとして最も適当なものを、次の1～4の中から一つ選べ。

 1　中級学習者が、「おいしかったです」と言うべきところで「おいしいでした」と言った。
 2　英語母語話者が、「強い雨」のことを「重い雨」と言った。
 3　テ形の活用に自信がない学習者が、「朝7時に起きました。朝ご飯を食べました。」のようにテ形を使わないで表現した。
 4　中国語母語話者が、漢字を中国語で使う簡体字で書いた。

（6）学習者の言語使用に誤用があった場合は、教師は訂正フィードバックを与えることがある。訂正フィードバックのうち、リキャストとして最も適当なものを、次の1～4の中から一つ選べ。

 1　学習者：昨日、横浜に買い物しました。
 　　教師：横浜に、買い物しました？　（「に」を強調する）
 2　学習者：昨日、横浜に買い物しました。
 　　教師：横浜で買い物ですか、いいですね。
 3　学習者：昨日、横浜に買い物しました。
 　　教師：「買い物しました」のとき、助詞は「で」ですね。
 4　学習者：昨日、横浜に買い物しました。
 　　教師：えっ、もう一度言ってください。

（7）人間が言語をどのように習得するかについては、さまざまな説がある。その説明と名称の組み合わせとして最も適当なものを、次の1〜4の中から一つ選べ。

1　人間の脳には誰にでも生まれつき、どんな言語でも習得できる能力が備わっている。−行動主義
2　言語は、他者との意味のあるやり取りの中で、相手の意図を読んだりパターンを発見したりすることを通して学ばれる。−言語獲得装置
3　学習とは、刺激と反応の繰り返しを通して起こる。−用法基盤モデル
4　人間がある共同体に参加するとき、周辺的な参加の仕方から徐々に十全的な参加に移行していくが、学習はその過程において起こる。−状況的学習論

（8）日本におけるCLD児（文化的・言語的に多様な子ども）の日本語習得に関する説明として最も適当なものを、次の1〜4の中から一つ選べ。

1　日本語を習得する際には母語は悪影響を及ぼすため、家庭内でもできるだけ母語は避け、日本語を使うほうがよい。
2　友達との会話で流暢に日本語を使えているCLD児は、学校の授業理解も問題がないと思われるので、支援は必要ない。
3　中学生で来日したCLD児は、3歳で来日したCLD児よりも到達する日本語能力が低い。
4　母語も日本語も十分発達しなかった場合、そのCLD児の認知的な発達にも影響を及ぼす。

（9）言語習得は、言語の形式と意味を結び付けていく過程だといえるが、教室で言語の形式を教える方法の一つにフォーカス・オン・フォームがある。このフォーカス・オン・フォームの説明として最も適当なものを、次の1〜4の中から一つ選べ。

1　意味のあるやり取りを行う中で、必要に応じて学習者の注意を言語形式に向けさせる。
2　言語形式に関する明示的指導は行わず、学習者自身が意味のあるやり取りの中から自らルールを発見できるよう見守る。
3　学習者が教室外で、目標言語話者と意味のあるやり取りができるようになるために、教室では言語形式の意味や使い方ついて明示的な説明をし、その形式が自動的に言えるようになるために十分ドリル練習をする。
4　言語形式の意味や使い方に関して授業前に宿題として動画で学び、教室では学習者同士がその言語形式を使ってやり取りする時間を多く取る。

(10)アサーティブ・コミュニケーションの例として最も適当なものを、次の1〜4の中から一つ選べ。

〈レストランで、注文したのと違う料理が来たとき〉

1 「ちょっと！ これ、私が頼んだのと違うんですけど」と怒った顔で言う。
2 「あ、ありがとうございます。」と言って受け取り、食べながら「注文したのと違うんだけどね……」と友達に愚痴を言う。
3 「すみません、私が頼んだのはこれじゃないと思うんですが……」と言って、確認してもらう。
4 その場では受け取って食べ、あとでSNSにお店の悪い評価を書きこむ。

(11)言語習得に関わる情意面の要素として「不安」がある。第二言語の教室における学習者の不安に対する教師の対応として、最も適当なものを、次の1〜4の中から一つ選べ。

1 テストは、いい点を取らなければならないというプレッシャーを与えてしまうため、できるだけ実施せず、どうしても実施しなければならない際には、全員が自信を持って取り組める内容・レベルにしなければならない。
2 教室に、学習者よりも第二言語能力が高いゲストを招く場合、学習者がコミュニケーションに不安を覚える場合があるため、事前に何をどのように話すかといった準備が必要である。
3 否定的な評価は、間違えることを恐れる気持ちにつながるため、避けるべきである。
4 不安は学習者自身の心の問題であるため、教師が特に対応することはできない。

(12)新しい文化に適応する過程においてカルチャーショックを経験することがあるが、カルチャーショックの説明として最も適当なものを、次の1〜4の中から一つ選べ。

1 カルチャーショックは、文化的差異が大きい場合、特に深刻になる。
2 カルチャーショックで精神的に落ち込んだり、孤独感を覚えたりするが、時間が経てば誰でも自然に回復する。
3 瞬間的に感じる大きなショックだけでなく、小さな違和感の積み重ねもカルチャーショックに含まれる。
4 カルチャーショックは、一つの国で暮らしていれば経験することはない。

問題 4

⇨解答・解説は P.110

次の（1）～（26）の問いに答えよ。

（1）2019年度に文化審議会国語分科会が発表した「日本語教育人材の養成・研修の在り方について（報告）」改訂版では、さまざまなタイプの学習者について、留意すべき点などを整理し、提示している。この中で、就労者への日本語教育について記述されたものとして不適当なものを、次の1～4の中から一つ選べ。

1　全ての就労者は就業時におけるコミュニケーションを重視することから、「読む」「書く」の必然性は少ない。

2　就労者は日本社会における生活者としての側面も持ち合わせている。

3　就労者への日本語教育は、職場の職員など、日本語教育の専門家でない者が担当にならざるを得ない現状がある。

4　多様な職種・業種に従事する就労者は、日本語能力においても、多様な要請を受けることがあるため、日本語教師は分野横断的な視野を持つことが求められる。

（2）「日本語教育人材の養成・研修の在り方について（報告）」改訂版において、大きく3種に分類された日本語教育人材のうち、「日本語教育コーディネーター」に求められる能力について特に「学習支援者」と異なるものを、次の1～4の中から一つ選べ。

1　日本語について一般的な知識を持っていること。

2　異文化間コミュニケーションについて一般的な知識を持っていること。

3　教育者として教室でリーダーシップを取り、組織との連絡・調整が行えること。

4　自分の日本語を調整して学習者にわかりやすく物事を伝えられること。

（3）著作権法第35条で定められた学校等の教育機関において、次のような活動が行われる場合、著作権保護の観点から考えて、製作者・著作者に許諾なしに使用が可能だと思われる活動を、次の1～4の中から一つ選べ。

1　記入式の漢字のドリル問題集を教師が購入し、学生にはコピーし複製したものを配布する。

2　授業で扱わないものの、参考文献として挙げた複数の論文について、クラス全員にコピーして配布する。

3　テレビで放映されたニュース番組を録画して、その一部を翌日の授業内で再生し、学生の聴解練習の教材として扱う。

4　入学志望者が集うオープンキャンパスの模擬授業で、昨年、文学賞を受賞した小説を用いて授業をする。

（4）学生がレポートを執筆する際や教師が研究活動を行う際、他人の論文や意見、作品の「引用」の仕方として<u>不適当なもの</u>を、次の1〜4の中から一つ選べ。

1 学生が宿題として提出した優れた俳句を特に本人には告げずに、学校のホームページに掲載する。

2 学生が、「日本の少子高齢化問題」というレポートにおいて自分の意見を強調するために、政府の出版したデータを出典とともに引用する。

3 教師が自分の実践研究発表において、学生の書いた作文の変遷を示すために、前年の記念文集に掲載された作文の一部を匿名で引用する。学生には、クラスの中でそのように使われる可能性について告げてある。

4 日本のある芸術家について発表する学生が、その発表資料の中でその芸術家の作品数点の写真を、引用元を明記して引用する。

（5）日本語の授業で行われるピア・ラーニングの実際の活動の様子として最も適当なものを、次の1〜4の中から一つ選べ。

1 学習者は複数人ごとのグループで座っていて、パターン・プラクティスの際、教師の指名後、周囲と相談してから答えることができる。一人一人活動してもよい。

2 放課後クラスメート同士で約束をし、空き教室に集まって、宿題や自主学習などを各自の課題を持ち寄って自主学習を行っている。

3 教室活動の一部として、学習者同士でお互いが書いた作文を持ち寄り、わかりにくい点や面白い点について指摘し、作成過程を共有しながら学びを深めている。

4 今まで読んだ多読本のリストや、すすめた問題集のページ、レポートの進捗など、学習者同士でお互いの学習過程を教室前の掲示板で共有することで切磋琢磨し合っている。

（6）「日本語教育の参照枠」や「ヨーロッパ言語共通参照枠（CEFR）」の基になっている行動中心アプローチの考え方として<u>不適当なもの</u>を、次の1〜4の中から一つ選べ。

1 学習者を言語的/非言語的な課題を遂行する社会的存在と見る。

2 言語学習の目標は、社会で課題を遂行していくことである。

3 学習者が何ができるかについて注目し、評価していくという言語観である。

4 言語学習の目標はその言語が使用されている社会で活躍する場を見つけることである。

（7）初級授業の練習法として取り入れられるTPRについての記述として最も適当なものを、次の1〜4の中から一つ選べ。

1 定着を目的として、クラスメート同士での小さな発話のやり取りを何度も繰り返し行う練習

2 学習者が書いた短い作文を、クラスメート全体で回して読み、お互いに読み上げる練習

3 聞き取った内容の通り、身体を動かすことで、理解の統合を目指す練習

4 楽しく学ぶことを重視し、娯楽的な要素の強いゲーム活動を多く積極的に取り入れる練習

（8）日本語教育の現場で「直接法で教えている」という場合、「直接法」についての記述として最も適当なものを、次の1～4の中から選べ。

1　学習者に対して、教師が積極的に話しかけていく、学習者同士のやり取りよりも教師－学習者間のやり取りをクラスの中心に据えた方法

2　学習言語環境にじかに飛びこむ学習法で、アルバイト先や職場の中で自ら学びを深めることを期待して、教室ではその言語環境を整えるための支援を行う方法

3　教師が目標言語である日本語を主に用いて教える教授法で、特に日本で行われる日本語教育の場合は、多様な学習者に対応するためにも多く用いられる方法

4　目標言語と学習者の母語における直接的な対応関係に注目した教授法で、多くの表現は限りなく同じ意味を示す母語と同時に示され、学習者の母語で形成された認知にひもづけることを目的とする方法

（9）日本語教育において「自己研修型教師」が望まれる態度として最も適当なものを、次の1～4の中から一つ選べ。

1　研修会や研究会にしばしば参加し、最新の教育法をよく知っていて、同僚に説明できる。

2　学習者や時代の要請など教育現場の実際の様子を観察しつつ、常に自らの指導法について能動的に探求しようとする。

3　言語教育法の歴史に詳しく、その歴史の中に自分が進むべき道を見いだすことができる。

4　自ら学生として大学院や研究機関の課程に所属し、学生として学ぶ者の立場からの視点を忘れないようにする。

（10）「反転授業」の特徴が表れている例として、最も適当なものを次の1～4の中から一つ選べ。

1　教師があらかじめ文型について説明した動画とスライドをオンライン上で公開し、学生はそれを予習した上で同期型の授業に臨み、授業内ではその文型の理解の確認や応用練習などを行った。

2　学習者が教師の代わりに、文法・文型の説明、基礎練習の準備をグループで担当し、同期型の授業で発表する試みを行った。教師は、学習者の相談役に徹し、どうしても必要なときのみ、助言を行った。

3　多様な地域、多様なライフスタイルの学生に対応すべく同期型の授業の時間を調整する方式で、学習者の居住国によっては、日本時間の夜間に当たる時間帯に授業を行った。

4　学生にあらかじめタスクを課しておき、個人個人がタスクをこなしていく中で発生した疑問点を教師に聞くことで授業を進めた。

(11) フリーズによって提唱され、その後の言語教育に大きな影響を与えたオーディオリンガル・メソッドについての説明として最も適当なものを、次の1～4の中から一つ選べ。

1 第2次世界大戦中にアメリカ軍の言語教育プログラムで使われたアーミー・メソッドから発展した。
2 目標言語で書かれた文章を母語に翻訳し理解させる教授法で、口頭能力の育成にはあまり効果がないといわれている。
3 幼児の言語習得過程を参考に開発された教授法で、音声によるインプットを重視し、直接法で教えられる。
4 学習者のタスク達成に焦点を当て、コミュニケーションやタスク上の必要に応じて言語形式に注意を向ける。

(12) クラッシェンが提案した言語習得に関する幾つかの仮説のうち、「インプット仮説」を日本語教育現場に置き換えた解釈として、最も適当なものを次の1～4の中から一つ選べ。

1 多くのインプットが習得を促進させるという仮説なので、教師は、学習者が常にアクセスできるようなリスニング教材を準備し、さらに日本語の音楽の視聴を勧めるようにする。
2 インプットは学習者の既習文法項目内で行うことが習得に欠かせないという仮説なので、学習者には教室活動に参加するためにも文法項目の予習を必ず行うことを強く要請する。
3 学習者が理解できる内容に少し上回る内容を付加したインプットが学習者の学びに必要であるという仮説であるため、教師は既習の項目の把握はもちろんのこと、常に学生の習熟度に気を配り、自分の使用日本語のコントロールに気を付けることが大切である。
4 学習者の不安が高まったり、自信がなくなったりした場合は、インプットの効果がなくなるという仮説なので、教師は教室の雰囲気や学習者の心理状態に配慮した環境づくりに気を配る。

(13) 内容重視の教授法として挙げられる指導法について表しているものとして不適当なものを、次の1～4の中から一つ選べ。

1 「ある言語を学ぶ」ということよりも「その言語で学ぶ」ということを目標にしているため、「数学」「理科」の授業を、第二言語で行うイマージョン教育などがこれに当たる。
2 コンテンツ・ベースト・インストラクション（CBI）ともいわれ、言語の形式ではなく意味を重視する立場から「フォーカス・オン・ミーニング」に分類されることもある。
3 日本の学校などにおける外国人児童生徒に対しての日本語教育では、教科学習と共に日本語指導が行われることもあり、その場合、内容重視の教授法が取られているともいえる。
4 聴解を指導法の中心において、言語内容が理解できることを最優先事項として指導が行われる。発話を強いられることはなく、インプットに長い時間をかける。

(14)教師をカウンセラー、学習者をクライアント、教室を一つのコミュニティと捉え、会話体験と振り返りを中心とした活動によって授業が展開される、心理学を応用した教授法を、次の1〜4の中から一つ選べ。

1 サイレント・ウェイ
2 CLL(コミュニティ・ランゲージ・ラーニング)
3 TPR(全身反応教授法)
4 サジェストペディア

(15)CLILの基本原理である「4C」に当てはまらないものを、次の1〜4の中から一つ選べ。

1 Content(内容)　　　　　2 Cognition(思考)
3 Cooperative(協同)　　　4 Communication(言語)

(16)以下は日本語テキストの目次である。機能シラバスのテキストだと考えられるものを、次の1〜4の中から一つ選べ。

1		2	
第1課	わたしはトムです	第1課	空港で
第2課	わたしは日本語の先生です	第2課	ホテルで
第3課	これは本です	第3課	コンビニで
第4課	ここは教室です	第4課	レストランで
第5課	ここはあついです	第5課	病院で
3		4	
第1課	質問する	第1課	女性の生き方
第2課	依頼する	第2課	子どもと教育
第3課	誘う	第3課	若者の感性
第4課	断る	第4課	仕事と若者
第5課	謝る	第5課	環境と教育

(17)コミュニケーション能力の一つである社会言語能力を、次の1〜4の中から一つ選べ。

1 文法や語彙の知識、発音や文字、表記などに関する能力
2 相手や場面に応じて、ことばや表現を適切に使える能力
3 文と文を適切に結び付けて、まとまりのある内容にできる能力
4 言語使用で何らかの困難が生じた場合、それに適した方略を使える能力

(18)「サバイバル・ジャパニーズ」のテキストの特徴として不適当なものを、次の1～4の中から一つ選べ。

1 媒介語が用いられることが多い。
2 場面シラバスや機能シラバスを採用することが多い。
3 モジュール型教材を用いることが多い。
4 150～200時間の学習時間を想定していることが多い。

(19)日本語の音声に慣れるための聞き取り練習として用いるミニマル・ペアを、次の1～4の中から一つ選べ。

1 テンキ(天気)― デンキ(電気)　　2 キテ(来て)― キイテ(聞いて)
3 キテ(来て) ― キッテ(切って)　　4 エキ(駅) ― エンキ(延期)

(20)流暢性のための練習として不適当なものを、次の1～4の中から一つ選べ。

1 パターン・プラクティス　　　　2 ディスカッション
3 ロールプレイ　　　　　　　　4 インタビュー・タスク

(21)TBLTの授業でレアリアを用いた活動として最も適当なものを、次の1～4の中から一つ選べ。

1 汚れたシャツや破れた紙袋を使って、状態を表す「～ている」の意味を理解する。
2 スマートフォンを使ってQuizletで、単語の意味や漢字熟語の読みを覚える.
3 新聞の娯楽広告や旅行会社のパンフレットを使って、週末の娯楽計画を考える。
4 結婚式の招待状やご祝儀袋などを使って、日本の結婚式について学ぶ。

(22)テストの「妥当性」を高めるために行った措置として最も適当なものを、次の1～4の中から一つ選べ。

1 まぐれ当たりを避けるため、語彙テストの選択肢を二つからつ四つに変更した。
2 受験者の負担を軽減させるため、5科目の試験を2日間に分けて行うことにした。
3 使用場面を想像しやすくするため、先生への依頼メールを書かせる筆記試験にした。
4 文脈からの推測を避けるため、漢字熟語だけを提示して読みを書かせることにした。

(23)ICT環境の整備と関連性が高い活動を、次の1～4の中から一つ選べ。

1 アダプティブ・ラーニング　　　2 シミュレーション
3 プロジェクト・ワーク　　　　　4 アクティブ・ラーニング

(24) オンライン授業のうち、オンデマンド型の説明として最も適当なものを、次の1～4の中から一つ選べ。

1 モデル会話のスライドを画面共有しながら、ライブ配信で授業を行う。
2 事前に収録した文法説明の動画をLMS上に置き、学習者が好きな時間に視聴する。
3 Zoomのブレイクアウトルームを活用して、グループディスカッションを行う。
4 クラウド上の課題ファイルを受け取り、各自で取り組み、再度クラウドに提出する。

(25) 主観テストに当てはまるものを、次の1～4の中から一つ選べ。

1 単純再生法　　　　　　　2 並べ替え法
3 インタビュー・テスト　　4 クローズ・テスト

(26) 多読の原則に当てはまらないものを、次の1～4の中から一つ選べ。

1 辞書を使わないで読む。
2 わからないところは飛ばしながら読む。
3 音楽などを聴きながらリラックスして読む。
4 楽しく読み進められない本なら、他の本を読む。

問題 5

⇒解答・解説は P.114

次の(1)～(25)の問いに答えよ。

(1) 日本語の形態素に関する解説として最も適当なものを、次の1～4の中から一つ選べ。

1 「わりばし」のように、連濁により現れる「ばし」は「はし」とは別の形態素である。
2 「長さ」の「さ」は拘束形態素の屈折形態素である。
3 「おもしろみ」の「み」は自由形態素の機能形態素である。
4 「書いた」の「た」と「読んだ」の「だ」は同じ形態素の異形態である。

(2) 言語が持つ「曖昧性」の例として、不適当なものを、次の1～4の中から一つ選べ。

1 卒論を提出する前に、ようしを準備しなければならない。
2 昨日友達からもらった赤い靴を履いて出かけた。
3 テニスをしているときに転んで、うでを骨折してしまった。
4 太郎の速いサーブをリターンエースにするナイスプレーが光っていた。

（３）動詞テ形の活用規則の例外として最も適当なものを、次の１～４の中から一つ選べ。

    1　「行く」のテ形　　2　「帰る」のテ形
    3　「買う」のテ形　　4　「持つ」のテ形

（４）ナ形容詞に関する記述として最も適当なものを、次の１～４の中から一つ選べ。

    1　述語として取る過去や否定の表現形式は、動詞が述語になる場合の表現形式と同じである。
    2　述語として取る過去や否定の表現形式は、名詞が述語になる場合の表現形式と同じである。
    3　名詞を修飾する場合には、文末と同じように文体の違いが現れる。
    4　名詞を修飾する場合には文末と同じように基本形で現れる。

（５）「間接受け身」の例として最も適当なものを、次の１～４の中から一つ選べ。

    1　昨日の帰りに犬に腕をかまれた。
    2　昨日の試験で花子にトップを取られた。
    3　昨日の授業で先生に褒められた。
    4　昨日の会議で部長から出張を命じられた。

（６）「否定表現」に関する解説として最も適当なものを、次の１～４の中から一つ選べ。

    1　否定の形式「ない」は文の中で直接接続する動詞のみを否定の意味範囲とする。
    2　連体詞の中には、文の中で必ず否定の表現と一緒に現れるものがある。
    3　否定の形式「ない」は動詞と形容詞のみに接続する。
    4　丁寧体の否定形は「動詞の終止形＋ません」で表すことが多い。

（７）「疑問表現」の特徴として最も適当なものを、次の１～４の中から一つ選べ。

    1　真偽疑問文とするためには、必ず文末に「か」を付ける必要がある。
    2　疑問語疑問文にするためには、多くの場合肯定文の語順を変更する必要がある。
    3　疑問語を含む「だろう」文で質問するために上昇イントネーションと結び付くことが多い。
    4　未知の部分の情報を相手に求める場合は上昇イントネーションと結び付くことが多い。

（８）「授受表現」の特徴として不適当なものを、次の１～４の中から一つ選べ。

    1　同じ事柄を表す場合、「もらう」と「くれる」の構文上の主語は同じである。
    2　「動詞テ形＋もらえますか」は「動詞テ形＋くれますか」より丁寧な印象になる。
    3　「動詞テ形＋あげる」は目上の人に対しては適切な表現ではない。
    4　「動詞テ形＋もらう」は使役表現より丁寧な印象で使うことができる。

（9）「直接引用」と「間接引用」に関する解説として最も適当なものを、次の1～4の中から一つ選べ。

 1 直接引用の場合は「～ように」という形式だけが引用節を導く。
 2 間接引用の場合は「～と」という形式だけが引用節を導く。
 3 直接引用の引用節の中には丁寧表現が現れることはできない。
 4 間接引用では、引用する内容を引用者が捉え直した形で表現される。

（10）「推量のモダリティ」に関する解説として不適当なものを、次の1～4の中から一つ選べ。

 1 「～らしい」は伝聞や他の人が行った調査などによる推量を表す。
 2 「～ようだ」は話し手が自分で見たり調査したりしたことに基づく推量を表す。
 3 副詞「きっと」は推量のモダリティを表す全ての表現と共起する。
 4 「だろう」は話し手が発話時に行う判断だけを表すことができる。

（11）「現場指示」に関する解説として不適当なものを、次の1～4の中から一つ選べ。

 1 遠くにいる人物や遠くにある絵の中の人物を「あれ」で指すことができる。
 2 「これ」は話し手の近く、「それ」は聞き手の近くにあるものを指す。
 3 話し手と聞き手が並んでいて両方から遠くにあるものを指すときには「あれ」を用いる。
 4 話し手と聞き手が並んでいて両方の近くにあるものを指すときには「それ」を用いる。

（12）「名詞句の構造」の解説として不適当なものを、次の1～4の中から一つ選べ。

 1 名詞は「の」を介して名詞を修飾することができる。
 2 程度副詞は「の」を介して名詞を修飾することができる
 3 格助詞が後続する名詞は「の」を介して名詞を修飾することができない。
 4 動詞はタ形で名詞を修飾し、状態の意味を表す。

（13）音便に関する説明として不適当なものを、次の1～4の中から一つ選べ。

 1 語末が「る」で終わる動詞は音便は起こらない。
 2 語末が「ぐ」で終わる動詞はイ音便となる。
 3 Ⅱグループの動詞には音便は起こらない。
 4 動詞に音便が起こるのは、後ろに助詞・助動詞の「て」「た」の音が続く場合である。

(14)数字に助数詞を添えた語を数量詞と呼ぶ。数量詞を使用した以下の表現のうち、他と性質が異なるものを次の1～4の中から一つ選べ。

1　3冊の本を書いた。
2　500ccのバイクを買った。
3　4階の教室は全て使われている。
4　10人乗りのヨットを借りた。

(15)外国語が日本語に取り入れられ外来語となる際にはさまざまな変化が起こる。英語を外来語として取り入れる際に起こり得る変化に該当しないものを、次の1～4の中から一つ選べ。

1　元の語から意味の変化が起こる。
2　元の語に比べ、音節数が減る。
3　元の語に付いていた接辞が脱落する。
4　同じ一つの語が、複数の別の外来語となる。

(16)逆行同化の例として不適当なものを、次の1～4の中から一つ選べ。

1　撥音_{はつおん}
2　長音
3　イ段の口蓋化
4　促音

(17)対義語のペアとして他と性質が異なるものを、次の1～4の中から一つ選べ。

1　「貸す」と「借りる」
2　「来る」と「行く」
3　「上り坂」と「下り坂」
4　「生」と「死」

(18)日本語の親族名称に関する説明として最も適当なものを、次の1～4の中から一つ選べ。

1　目下には呼称として使用できない。
2　呼称として使用する場合、親族内では年長者から見た親族名称が使用される。
3　他人に対して親族名称を使うことはできない。
4　性別、年齢のほか、父方か母方かによって形式が異なる。

(19)次の語のうち、形態素の結合による音韻変化が起こっていないものを、次の1～4の中から一つ選べ。

1　河原　　2　風向き　　3　畦道　　4　彼岸花

(20)ある概念ＡとＢで、Ａがより一般的な項目でＢが特殊な項目となる場合、Ａを無標、Ｂを有標という。この対立に当てはまらないものを、次の１〜４の中から一つ選べ。

1　無声音―有声音
2　無題文―有題文
3　使役文―受動文
4　肯定―否定

(21)ことばは時代とともに意味が変化していく。意味の変化として不適当なものを、次の１〜４の中から一つ選べ。

1　目下に対して「おまえ」という語を使用するのは意味の下落によるものである。
2　「卵」という語が一般に「鶏の卵」を指すのは縮小的転用によるものである。
3　「足」という語で「交通手段」を意味するのは意味（機能）の類似によるものである。
4　「破れる」と「裂く」が混ざり「破く」という語ができたのは混淆によるものである。

(22)日本語（共通語）のアクセントに関する説明として最も適当なものを、次の１〜４の中から一つ選べ。

1　複合語のアクセント核は、前に来る形態素のアクセントによって決まる。
2　イ形容詞は全て語末の「い」の前にアクセントの下がり目がある起伏型である。
3　名詞のアクセントは３拍の語の場合、３パターンである。
4　動詞のマス形のアクセントは、平板型も起伏型も全て同じ形になる。

(23)二つの動詞が結合してできた動詞を複合動詞という。下線部の二つの動詞の意味関係が他と異なるものを、次の１〜４の中から一つ選べ。

1　犯人は銃を隠し持っている。
2　午後から雨が降り出した。
3　庭の大木を切り倒した。
4　用意した材料を混ぜ合わせる。

(24)語の意味を分析するためには、類義語の比較を通してその語の特徴を明らかにすることが有効である。「気持ち」と「気分」という２語の類義語分析に有効ではないものを、次の１〜４の中から一つ選べ。

1　朝から雨が降っていて、仕事に行こうという〜になれない。
2　留学に行きたいという〜が湧いてきた。
3　ナメクジは〜が悪い生き物だ。
4　仕事が行き詰まったので、〜を変えるために散歩に出かけた。

(25) 和語に関する説明として、不適当なものを、次の1～4の中から一つ選べ。

1 語頭にラ行音が来ることは少ない。
2 抽象的概念を表す語が多く、自然物や自然現象を表す語が少ない。
3 一語の表す意味範囲が広い。
4 高頻度語が多い。

問題6

⇒解答・解説は P.117

次の文章を読み、後の問い（問1～5）に答えよ。

　日本政府は過去数十年間にわたり労働の分野において外国人材の受け入れに関する政策を進めてきた。1950年代から日本は戦後補償の一環として主に開発途上国から [(ア)] を受け入れ始め、後に技能実習制度が創設された。2010年には新たな在留資格である「技能実習1号」と「技能実習2号」が設けられ、外国からの研修生は技能実習生に統一されるようになった。しかしa現在の技能実習制度では長時間労働、超低賃金労働などといった厳しい労働環境や人権侵害につながる例が指摘され、国際的にも批判が高まっていた。こうした背景から政府は2024年2月の「外国人材の受入れ・共生に関する関係閣僚会議」において現在の技能実習制度を廃止し、新たに人手不足分野における人材確保と人材育成を目的とする「 [(イ)] 」を創設する方針を決定し、翌3月に閣議決定した。改正案において新制度は本人意向の転職を制限できる期間を業種ごとに1～2年の間で設定できるようにし、日本語や技能などの条件を満たすことなどが転職の条件として考えられている。また、就労期間は3年間とし、より技能レベルの高い「b特定技能」に移行しやすくすることで長期の就労が可能になると見込まれている。

　政府は特定技能制度に関しても自動車運送など4分野にも対象を広げ、2028年度までに在留資格「特定技能」を最大 [(ウ)] 万人に倍増させる方針を示した。この数は2019年の技能実習生数の2倍にも相当する数である。少子高齢化の影響で労働人口が縮小していく中、政府による外国人材の受け入れは今後も進められていく見込みであり、同時に外国人材や帯同する家族が生活しやすい社会環境の整備を進めることが重要である。

問1　文章中の空欄 [(ア)] に入る言葉として最も適当なものを、次の1～4の中から一つ選べ。

1　技術研修生　　　　　　　2　外国人看護師
3　高度外国人材　　　　　　4　外国人介護福祉士候補者

問2 文章中の下線部a「現在の技能実習制度」に関する記述として最も適当なものを、次の1～4の中から一つ選べ。

1 現在、在留資格には「技能実習1号」「技能実習2号」「技能実習3号」があり、それぞれ指定された年数を経ることにより自動的に移行できる。

2 技能実習生に対する日本語教育は、全て各自治体に配属された地域日本語教育コーディネーターがそのプログラムを開発し、企業と連携して行っている。

3 技能実習制度の目的は、技術移転による国際協力の推進であり、労働力不足を補うためにこの制度を利用してはならないことになっている。

4 2023年の出入国在留管理庁の統計によると、技能実習生の数は在留資格「特定技能」を持つ在留外国人の数を下回った。

問3 文章中の空欄 （イ） に入る言葉として最も適当なものを、次の1～4の中から一つ選べ。

1 特定活動制度　　　　2 育成就労制度

3 技術育成制度　　　　4 特定就労制度

問4 文章中の下線部b「特定技能」に関する記述として不適当なものを、次の1～4の中から一つ選べ。

1 特定技能の在留資格で働く外国人は、既に技能実習など別の資格で日本に滞在している外国人が在留資格を切り替えるケースのほうが新規の入国者よりも多い。

2 2019年に新たに導入された在留資格で、「特定技能1号」と「特定技能2号」の二つがあり、「特定技能2号」ではより熟練した技能が求められる。

3 特定技能の在留資格で働く際に、技能実習生から特定技能へ移行する場合や、既に同じ分野で特定技能として就労していて同じ分野で転職する場合には日本語試験の受験は必要ない。

4 日本語教育機関認定法により、認定日本語教育機関には、特定技能の在留資格で働く外国人のための日本語講習クラスを作ることが義務付けられている。

問5 文章中の空欄 （ウ） に入る言葉として最も適当なものを、次の1～4の中から一つ選べ。

1 52　　　　2 62　　　　3 72　　　　4 82

問題 7 ⇨解答・解説は P.119

次の文章を読み、後の問い(問1〜5)に答えよ。

2023年5月26日に「a日本語教育の適正かつ確実な実施を図るための日本語教育機関の認定等に関する法律」が成立し、 （ア） より施行することが決まった。本法律の趣旨は、日本語教育の適正かつ確実な実施を図り、もって我が国に居住する外国人が日常生活および社会生活を国民と共に円滑に営むことができる環境の整備に寄与するため、①日本語教育機関のうちb一定の要件を満たすものを認定する制度、②認定日本語教育機関の教員資格を創設、とされ、②として「c登録日本語教員」が、またそれを養成する養成機関として「登録日本語教員養成機関」の認定を受ける必要があるといった新たな制度が定められた。教育実習においても「実践研修」という名称で実施されることとなった。「実践研修」の指導項目としては、①オリエンテーション、②授業見学、③授業準備、④模擬授業、⑤教壇実習、⑥教育実習全体の振り返りが挙げられている。これら①〜⑥は平成30(2018)年に文化審議会国語分科会がまとめた「d日本語教育人材の養成・研修の在り方について（報告）」(翌年に改訂版が公開された)を踏襲した内容となっている。

問1 文章中の空欄 （ア） に入る言葉として最も適当なものを、次の1〜4の中から一つ選べ。

1 2023年10月1日　　　　2 2024年4月1日
3 2024年10月1日　　　　4 2025年4月1日

問2 文章中の下線部a「日本語教育の適正かつ確実な実施を図るための日本語教育機関の認定等に関する法律」の略称として最も適当なものを、次の1〜4の中から一つ選べ。

1 日本語教育機関認定法　　　2 日本語教育推進法
3 登録日本語教員認定法　　　4 日本語教育機関適正法

問3 文章中の下線部b「一定の要件を満たすもの」に関する記述として<u>不適当な</u>ものを、次の1〜4の中から一つ選べ。

1 一つの教育機関が「留学」・「就労」・「生活」という日本語学習の目的に応じた三つのコースを開設していること
2 「留学」の課程は、各課程の目指す「留学」の目的に沿った日本語能力を習得させることを目的とし、B2以上の課程を一つ以上置くこと
3 「就労」「生活」の過程の中で、「聞く」「読む」「話す（会話）」「話す（発表）」「書く」の全てを盛り込むこと
4 「生活」の課程を置く機関は、地方公共団体等と連携して教育課程を編成する等の相当の実績に基づいて、それらの者と連携体制をつくること

問4 文章中の下線部c「登録日本語教員」に関する記述として、最も適当なものを、次の1〜4の中から一つ選べ。

1 登録日本語教員の資格取得に当たり、年齢、国籍、母語は要件に入っていない。
2 海外の日本語教育機関で教えるためにも、登録日本語教員の資格が必須となる。
3 登録日本語教員を養成する機関は、法務省の審議会において審査を受け認定を受けなければならない。
4 登録日本語教員の資格を取得した後は、取得後10年以内に初任者研修、中堅研修をそれぞれ30〜90時間受ける必要がある。

問5 文章中の下線部d「日本語教育人材の養成・研修の在り方について（報告）」に関する記述として不適当なものを、次の1〜4の中から一つ選べ。

1 「教育実習」を含め、養成段階において必ず実施すべき50の教育内容を「必須の教育内容」として示した。
2 「日本語の教授に関する知識・能力」といった区分ごとに単位数・時間数を明示し、大学学部の養成における主専攻（45単位）・副専攻（26単位）といった区分を設けた。
3 日本語教育人材を日本語教師、コーディネーター、日本語学習支援者の三つに分類し、その分類と段階や活動分野ごとに教育内容を示した。
4 日本語教師を養成、初任、中堅の三つの段階に分け、それぞれの段階ごとに求められる資質・能力を知識・技能・態度に分けて示した。

問題 8

⇨解答・解説は P.120

次の文章を読み、後の問い（問1〜4）に答えよ。

　　(ア)　による協調の原理は、話し手と聞き手が誤解なく円滑に会話を進めるための四つの格率からなる。すなわち、a量の格率、質の格率、関連性の格率、様態の格率である。

　例えば、ある話し手が、「今日の夕飯、何食べようか？」と質問して、聞き手が「ギョーザにしよう」と答えたとする。「何を食べようか？」という話し手の質問に対して、聞き手は過不足なく答えていることから、聞き手の発話は協調の原理に違反していないと考える。

　では、もし聞き手の答えが「お昼食べ過ぎちゃって、おなかいっぱいなんだよね」であった場合はどうだろうか。聞き手は、話し手の質問には答えず、満腹であるという自分の状況だけを返答している。つまり、協調の原理のうちの関連性の格率に違反していることになるが、この聞き手の発話は不適切とはいえない。むしろ、日常会話ではこのような協調の原理に違反する発話はしばしば起こるものであり、この発話によって会話の理解や進行が妨げられることもない。なぜなら、聞き手があえて協調の原理に違反して発話することによって、話し手は、そこにb明示的には表されない何らかの意味があると解釈するからである。すなわち、「お昼食べ過ぎちゃって、おなかいっぱいなんだよね」という発話から、話し手は「　(イ)　」という聞き手の意図を推論するのである。

問1 文章中の空欄 （ア） に入る人名として最も適当なものを、次の1〜4の中から一つ選べ。

1　ハイムズ　　2　ラボフ　　3　ホール　　4　グライス

問2 文章中の下線部aの四つの格率の特徴の説明のうち最も適当なものを、次の1〜4の中から一つ選べ。

	量の格率	質の格率	関連性の格率	様態の格率
1	必要な情報を与える	真実を話す	関連があることを話す	簡潔かつ明瞭に話す
2	必要な情報を与える	簡潔かつ明瞭に話す	関連があることを話す	真実を話す
3	簡潔かつ明瞭に話す	必要な情報を与える	真実を話す	関連があることを話す
4	簡潔かつ明瞭に話す	真実を話す	必要な情報を与える	関連があることを話す

問3 文章中の下線部b「明示的には表されない何らかの意味がある」ことを示す概念として最も適当なものを、次の1〜4の中から一つ選べ。

1　含意　　2　命題　　3　コノテーション　　4　ムーブ

問4 文章中の空欄 （イ） に入る記述として最も適当なものを、次の1〜4の中から一つ選べ。

1　夕食は、話し手が作るべきだ。
2　夕食にギョーザが食べたい。
3　夕食は、軽めの食事がいい。
4　夕食の時に話したいことがある。

問題9

⇨解答・解説は P.121

次の文章を読み、後の問い（問1～3）に答えよ。

　a非言語行動には、身振りなどの明確な動作の他に、視線や表情、声の調子（イントネーション、プロミネンス）が含まれるが、言語行動に伴うものでは必ずしもない。例えば、唇に人差し指を当てる動作だけで、「静かにすること」という指示が意味される。ここでは、このように言語によらないコミュニケーションに注目して見てみよう。

　親指と人さし指で丸を作って「カネ」や「OK」の意味を示す動作がある。このような動作はbエンブレム（表象動作）と呼ばれ、社会習慣的に特定の語句の意味を示している。他に、個人の感情を示すcアフェクト・ディスプレーと呼ばれる動作もある。ガッツポーズや両手を広げて上げる動作は、勝利した喜びや幸福感を表している。

　上記の動作は、いずれも世界の広い範囲で共通に理解され行われている。しかし、非言語コミュニケーションにおいては、ある行動の解釈が文化によって異なることがしばしばある。自分にとってごく自然な動作であっても、ある社会慣習下や宗教的理由においては、それが侮辱の意味を表すと解釈されたり、その動き自体が許容されなかったりする場合がある。異文化理解の場では、非言語コミュニケーションが思いがけない誤解をもたらす可能性にも留意しておきたい。

問1　文章中の下線部a「非言語行動」に含まれるものを、次の1～4の中から一つ選べ。

　　1　姿勢　　　2　スティグマ　　　3　話す速さ　　　4　声の大きさ

問2　文章中の下線部b「エンブレム」の例の説明として最も適当なものを、次の1～4の中から一つ選べ。

　　1　両手を交差させてバツを作って見せ、不正解の意味を示す。
　　2　会議中にくしゃみが出そうになり、ハンカチで鼻と口を押える。
　　3　会話の中で、相手に続けて話すよう促すために、うなずく。
　　4　緊張を和らげ、落ち着くために、手元のペンを繰り返し回す。

問3　文章中の下線部c「アフェクト・ディスプレー」の例の記述として不適当なものを、次の1～4の中から一つ選べ。

　　1　勉強に深く集中していて、眉間にしわが寄った。
　　2　知人から聞いた話に困惑して、眉をひそめた。
　　3　友だちになった相手との会話が楽しくて、笑顔になった。
　　4　つらい話を受け入れることができず、顔をそむけた。

問題10

日本語学習者Aさんに関する文章を読み、後の問い（問1〜問5）に答えよ。

　Aさんは B 国の大学で日本語を学習し始めた。初めはあまりやる気がなかったが、日本語の音も文法も言葉も A さんの母語とは全く違っていて、その違いに魅了されてしまった。新しい文法や言葉をもっと知りたい、漢字も覚えたい、いつか留学もしてみたいと思うようになり、毎日一生懸命勉強した。その結果、大学のテストではいつもいい成績を取ることができた。

　3 年生になり、日本に留学することができた。A さんが日本に着いて驚いたことは、周りの日本語が全く聞き取れず、大学で日本人同士が話している中に入ることもできないということだ。今まで B 国の大学では、a 日本人の日本語の先生が話す言葉は100％理解できて、自分が言いたいことも伝えることができていた。しかし日本で日本人が話す日本語は、教科書や日本語の先生よりもずっと速いし、B 国で習った日本語と表現や単語と違うようで、A さんは b 今まで B 国で勉強したことが無駄だったような気持ちになってしまった。それに、ベジタリアンである A さんは日本で食べられるものが少なく、c 食べ物に関して日本は本当に遅れている、とストレスを感じるようになった。それでも、せっかく日本に来たのだから留学生活を楽しもうと思い、B 国にいたときから好きだったバスケットボールのサークルに入ることにした。

　1 年後、帰国するときには、A さんはすっかり日本になじんでいた。初めはバスケットボールサークルの友達には、d「A さんの日本語、真面目すぎる。私たち友達だよね？」とからかわれていたが、今では友達同士の自然な会話を楽しむことができるようになった。また食べ物についても、ベジタリアンレストランを探して友達と行ってみるなど、自分なりに楽しむ方法を見つけることができた。

問1　A さんは外国語として日本語を学ぶ教室環境から、自然環境に移動してきたと言えるが、教室環境の説明として最も適当なものを、次の1〜4の中から一つ選べ。

　1　意味の伝達が重視されるため、誤りの訂正は行われないことが多い。
　2　インプットの量や質が限られている。
　3　発話者が言語調整を行わず、方言が使われることもある。
　4　発話者とのやり取りにおいて、言語形式に意識が向けられることはほとんどない。

問2　文章中の下線部a「日本人の日本語の先生が話す言葉」について、B 国で A さんを教えていた先生はティーチャー・トークを使用していた可能性があるが、ティーチャー・トークの特徴として最も適当なものを、次の1〜4の中から一つ選べ。

　1　学習者が100％理解できるよう、詳しく説明する。
　2　日本語母語話者同士で話すときよりも、50％程度ゆっくり話す。
　3　その学習者が今までに学習してきた文法や単語を中心に使う。
　4　日本語を母語とする子どもに話しかけるような気持ちで話す。

問3 文章中の下線部bのように、教室などで意識的に学習した知識は、習得に役に立たないとする考えを何と呼ぶか。最も適当なものを、次の1〜4の中から一つ選べ。

1　ノン・インターフェースの立場
2　インターフェースの立場
3　自然順序仮説
4　気づき仮説

問4 文章中の下線部cについて、Aさんはベリーが提唱した四つの文化受容態度のうち、どの状態にあると考えられるか。最も適当なものを、次の1〜4の中から一つ選べ。

1　統合　　2　分離　　3　同化　　4　周辺化

問5 文章中の下線部dについて、このときのAさんに不足していた能力はどれだと考えられるか。最も適当なものを、次の1〜4の中から一つ選べ。

1　言語能力　　　2　社会言語能力
3　談話能力　　　4　方略的能力

問題11

⇒解答・解説は P.123

次の文章を読み、後の問い（問1〜4）に答えよ。

　「外国語を身に付けるには、赤ちゃんが言葉を学ぶように学べばよい」と考えがちであるが、第一言語習得と第二言語習得には_a共通点もあるものの、異なる点も多い。例えば、大人が新しい言語を学ぼうとしたとき、_b母語や、それ以前に学んだ言語があるため、新しい言語を学ぶときには、それまでに身に付けた言語や、その_c学習経験がさまざまな影響を及ぼす。また、第一言語習得の場合、なぜその言語を学ぶのか、習得している本人が意識することはないが、第二言語習得の場合_d学習の目的は人それぞれであり、変わり得る。そのため、学習者それぞれの状況を認識することが大切である。

問1 文章中の下線部a「共通点」について、第一言語習得と第二言語習得に共通して見られる特徴の説明として最も適当なものを、次の1〜4の中から一つ選べ。

1　成人の場合、一定程度の文法能力を身に付けている。
2　目標言語を使用して誤りがあった場合、周囲の人から訂正フィードバックを受けることが多い。

3 目標言語の十分なインプットを受ければ、誰でも意識せずにその言語を使いこなせるようになる。

4 文法の習得順序は人それぞれではなく、ある程度共通する順序がある。

問2 文章中の下線部b「母語」について、母語の影響である言語転移に関する説明として最も適当なものを、次の1～4の中から一つ選べ。

1 母語は、新しい言語を学ぶ際の妨げになるため、教室ではできるだけ目標言語だけを使い、目標言語で考えるようにしなければならない。

2 母語は、目標言語を使用する際の誤用につながることもあるが、よい影響を与えることもある。

3 教師は学習者の母語を知ることで、どのような誤用が起こるか全て予測することができる。

4 転移が起こるのは音声・語彙・文法であるため、この三つについて目標言語の正しい形を学べば、母語の影響を受けずに目標言語を使いこなすことができるようになる。

問3 文章中の下線部c「学習経験」について、「言語学習は暗記が大切」「パソコンがあるから手で字を書く練習は必要ない」のような、学習者が学習に対して持っている考えを何というか。最も適当なものを、次の1～4の中から一つ選べ。

1 ストラテジー　　　2 ビリーフ
3 スキーマ　　　　　4 エポケー

問4 文章中の下線部d「学習の目的」について、動機づけの説明として最も適当なものを、次の1～4の中から一つ選べ。

1 「日本の会社で働いていて、仕事に日本語が必要」という動機づけは、統合的動機づけに当たる。

2 道具的動機づけよりも、統合的動機づけのほうが言語習得を促進する。

3 楽しい、もっと知りたいといった内発的動機づけは、周囲の環境に左右されることもある。

4 外発的動機づけは習得の促進や学習の継続に負の影響を与えるので、好ましくない。

問題12

⇨解答・解説は P.124

次の文章を読み、後の問い（問1〜4）に答えよ。

中級クラスを担当しているA先生が、先輩教師のB先生に相談している。

A：B先生、語彙の授業ってどうされていますか。いつも、学生には教科書の単語リストを使って意味を覚えてくる宿題を出して、それをチェックするクイズをしているんですが、それだけで学生が本当にその語を使えるようになるのか、わからないんです。

B：なるほど……一つ伺いますが、A先生は、教科書に出てくる単語は全て学生が使えるようになるべきだと思いますか。

A：えっ、どうでしょう……たしかに _a見て意味がわかればいい単語もありそうですね……。

B：まずはその観点で、今の単語リストを見直してみてはどうですか。

A：はい、やってみます。

B：その上で、使えるようになったほうがいい単語については、_b<u>単語の知識の深さを尋ねるクイズ</u>をやってみてはどうでしょうか。

A：そうですね、使えるようになるためには、その語の意味と漢字、音だけ覚えるだけでは足りないですよね。

B：はい、そう思います。あとは……読解の前に、_c<u>そのトピックについて知っていることを話し合う活動</u>をよくしますよね。その際に、トピックの内容だけでなく単語の整理もしておくと、読解の導入だけでなく関連語彙の学習にもつながりますね。

A：ありがとうございます。考えてみます。

問1　文章中の下線部a「見て意味がわかればいい単語」の知識を何と呼ぶか。最も適当なものを、次の1〜4の中から一つ選べ。

1　認知語彙　　　2　産出語彙
3　理解語彙　　　4　知識語彙

問2　文章中の下線部b「単語の知識の深さを尋ねるクイズ」として<u>不適当なもの</u>を、次の1〜4の中から一つ選べ。

1　イ形容詞のリストを与え、それぞれのイ形容詞の反対の意味を表す語を書かせる。
2　簡単な日本語で書かれた単語の説明を読んで、その説明に当てはまる単語を書かせる。
3　「毎朝シャワーを（　　　　　）」「毎週単語テストを（　　　　　）」など、名詞を与えて適切な動詞を書かせる。
4　「首を切る」を使って文を作らせ、意味が理解できているか確認する。

問3 文章中の下線部cのような活動を何と呼ぶか。最も適当なものを、次の1～4の中から一つ選べ。

1　先行オーガナイザー　　　2　リハーサル
3　ディクトグロス　　　　　4　ピア・ラーニング

問4 ある日B先生は、学習者自身で自律的に語彙学習を進めていけるよう、言語学習ストラテジーを教えることにした。具体的なストラテジーと、オックスフォードによるストラテジー分類の組み合わせで正しいものを、次の1～4の中から一つ選べ。

1　新しい単語が出てきたら、声に出しながら何回も書く。　　－社会的ストラテジー
2　「毎日新しい単語を三つずつ覚える」など、単語を学習する計画を立てる。　　－メタ認知ストラテジー
3　文章を読んでいてわからない単語があったとき、文脈から推測する。　　－認知ストラテジー
4　好きな曲に出てくる単語を覚えるなど、自分が楽しめる方法を探す。　　－補償ストラテジー

問題 13

⇨解答・解説は P.124

日本語教師同士の会話を読み、後の問い（問1～3）に答えよ。

教師A：先生のクラス、とてもにぎやかでしたね。今日、aビジターセッションだったんですか。

教師B：ええ、プロジェクトワークを行うクラスなんですが、テーマが「若者の仕事観」なので、ビジターに実際の就職活動の様子や体験、また、働き方についてどのような意見があるのか教えてもらったんです。

教師A：そうですか。で、ビジターセッションはうまくいきましたか。

教師B：全体的には、学生がよい質問をしたり、いろんな意見が聞けたりと、盛り上がっていたのですが、ビジターの語彙が難しかったですね。私もb反省するべき点があったな、と思います。

教師A：そうですか。cこの後の活動が楽しみですね。また教えてくださいね。

問1 文章中の下線部a「ビジターセッション」について、上記のようなセッションでは、ビジターとしてどのような人を選ぶのがよいか。不適当な例を、次の1～4の中から一つ選べ。

1　就職活動を控えた日本人大学生　　2　就職活動を終えたばかりの日本人大学生
3　大学の就職課のスタッフ　　　　　4　地域のシニアボランティア

問2 文章中の下線部b「反省」について、次回、同様の授業をするに当たって、反省を生かして考えられる活動として不適当なものを次の1～4の中から一つ選べ。

1. わかりやすい日本語で話してもらうために、あらかじめ質問とわかりやすい解答例をビジターに渡しておく。
2. 当該活動をメインタスクと考えた場合のプレタスクに当たる活動のための時間を確保して、語彙や表現を導入しておく。
3. インタビュー中にわからない語彙が出たら、その語彙をメモしておき、次の授業で調べて提出してもらうということを学生に周知しておく。
4. 会話の途中でわからない語彙に出会った際に会話を止め、相手に質問するストラテジーを、あらかじめ学生に提示しておく。

問3 文章中のc「この後の活動」について、プロジェクト型の授業としてこの後の活動は、どのように進行していくのが望ましいか。最も適当なものを次の1～4の中から一つ選べ。

1. 学習者がそれぞれインタビューの感想を書き、教師に提出する。
2. グループでインタビュー内容をまとめ、それぞれの国の事情と比較・分析し、発表、レポートを書く。
3. 録音しておいたインタビュー内容を何度も聞いて聴解の練習とする。
4. 教師からインタビューの様子について、フィードバックをもらう。

問題 14

⇨解答・解説は P.125

日本語教師同士の会話と授業についての資料を読み、後の問い(問1～3)に答えよ。

【会話】

教師A：最近、「aタスク中心の指導法」に興味があって、来学期、取り入れたいと思っているんです。一部だけ計画を立ててみましたが、ちょっと不安です。先生はタスク中心の指導法にお詳しいと聞いたので、ちょっと見てもらってもいいですか。

教師B：いいですよ。「自分の町に観光客を呼ぼう」ですか。楽しそうですね。bプレタスクでは語彙を紹介するんですね。どんなタスクをする予定ですか。

教師A：はい、幾つか考えているので後で見ていただけますか。

教師B：いいですよ。それから、流れを見ているとタスク中心の指導法としては、少し改変が必要そうですね。cメインタスクの進め方について、もう少し検討してみてはいかがでしょうか。

教師A：はい、わかりました。ありがとうございます。

対象：中級前半クラス／学習者：16人（多国籍）		
タスク「自分の町に観光客を呼ぼう」		
1時間目	プレタスク	1　過去の自分の旅行について話す。 2　気候についての語彙、観光施設に関する語彙を併せて導入する。
2-3 時間目	メインタスク	1　今回、計画を立てる際に使用してほしい文法・表現項目を導入し、 　　練習する。 2　1で勉強した文法・表現項目を使い、新規の観光客を呼ぶことができ 　　るであろう2泊のツアーを作成し、他のグループに発表する。発表を 　　聞いた後には、その計画について、お互いにさらに知りたい点を挙げる。
4 時間目	ポストタスク	1　メインタスクで受けた指摘を反映し、中身を充実させる。その上で、 　　広告用チラシをグループで作り、提出する。 2　活動を振り返る。

問1　下線部a「タスク中心の指導法」の説明として最も適当なものを、次の1〜4の中から一つ選べ。

1　文法・漢字など、それぞれの言語技能分野について細分化された課題を学生に課し、それを一つ一つクリアしながら、クラスを進行する方法である。

2　学生が自分に必要な課題を直視し、目標を立て、それを達成することを目指しながら、自主的に学習していく方法である。

3　学習者の他に常に母語話者が教室にいる状態で文法問題などの課題をともに達成する方法である。

4　教室活動では、課題を遂行する中で言語を学んでいくことを目指す。具体的な課題を成し遂げることに焦点が当てられる。

問2　文章中の下線部b「プレタスク」について、この授業のプレタスクとして不適当なものを、次の1〜4の中から一つ選べ。

1　旅行代理店のスタッフが世界的に有名な幾つかの観光地の12カ月について説明している短い文章を読んだ後、そこで提出された新たな語彙を用いて、学習者は自分の出身地について説明する。

2　短文の穴埋め問題（新規語彙が答えに相当する）を行う。一人一人で問題を解き、答えの載っているシートを見て、答え合わせをする。

3　自分が行きたい場所について、簡単に調べる。提示されている新規語彙を用いて、お互いに発表する。

4　例として、旅行代理店の客が作成した「今行きたい旅行先の条件についてのメモ」が提示されている。学習者はそこで提示された関連語彙を利用し、自分も似たようなメモを作成する。その後、そこに当てはまる観光地について、お互いに案を出し合う。

問3　文章中の下線部c「メインタスクの進め方」について、タスク中心主義に基づいて改変したものとして最も適当なものを、次の1～4の中から一つ選べ。

1　語彙の導入の後、タスクが行えるように繰り返しの語彙の練習を入れる。
2　文法・表現項目の導入に先んじてタスク2を行い、その後文法項目を紹介・説明する。
3　プレタスク・メインタスクと同様の話題が続くのを避けるために、関連のないテーマにする。
4　タスクは個人個人が達成できたほうがいいので、グループワークではなく、個人のタスクにする。

問題 15

⇨解答・解説は P.126

次の文章を読み、後の問い（問1～4）に答えよ。

　近年、日本語教育の多様化に伴い、その内容やレベル・評価について共通の指標が求められるようになってきた。その流れを受け、CEFR（ヨーロッパ言語共通参照枠）を参照した「日本語教育の参照枠」が文化庁により策定された。同様に、独立行政法人国際交流基金日本語国際センターにおいても「JF日本語教育スタンダード（以下、JFスタンダード）」が開発された。

　「JFスタンダード」は「日本語を通じた相互理解」を理念としており、単に日本語の文型の知識を増やすだけでなく、「課題遂行能力」と「異文化理解能力」を養いつつ、日本語を使ってコミュニケーションをし、お互いに理解し合うことを目指している。その特徴の一つとして、「課題遂行能力」の育成に焦点を当てた「JFスタンダードの木」がある。これはCEFRの考え方に準じ、言語によるコミュニケーションの力を「aコミュニケーション言語活動」と「コミュニケーション言語能力」に分類し、その関係性を整理し、一本の木で表現しているものである。ほかに、言語の熟達度を「～ができる」という形式の文で示した「Can do」、また、「異文化理解能力」の養成も視野に入れたものとして「bポートフォリオ」などがある。

　国際交流基金日本語国際センターでは「JFスタンダード」を枠組みにした教材も開発されており、第二言語習得理論のさまざまな研究成果が活用されている。ceラーニングでのサポートも充実しており、多様な学習スタイルに対応している教材の一つといえよう。

　また、「JFスタンダード」以外にも、昨今さまざまなスタンダードが開発されている。その代表的なものとして、言語活動と言語素材を話題別に提示した「実践日本語教育スタンダード」（山内［編］、2013）や、留学生の大学での勉学・研究に必要な日本語力とその基準を示した「JLC日本語スタンダーズ」（東京外国語大学留学生日本語センター、2011）、進学を目指した学習目標や指導目標をCEFRや日本語能力と対応させて示した「日本語教育センター日本語到達目標」（独立行政法人日本学生支援機構日本語教育センター、2023）などがある。

問1 「日本語教育の参照枠」や「JFスタンダード」のような、CEFRを参照して作られた枠組み を用いてコース・デザインを行うことで可能になることとして、<u>不適当なもの</u>を次の1〜 4の中から一つ選べ。

1 地域や教育機関が異なる教師同士でも同じ基準で話し合いや情報交換ができる。
2 教師と学習者が学習の目標を共有することができる。
3 日本語レベルが異なる学習者同士でも同じ教材で共に学び合うことができる。
4 学習者の日本語力を、他の言語との共有基準で説明できる。

問2 文章中の下線部a「コミュニケーション言語活動」のうち、産出活動におけるコミュニケー ション方略に当たるものを、次の1〜4の中から一つ選べ。

1 自分が経験したこと、知っていること、物語などを語る。
2 テキストの内容を要約したり、重要な点を書き写したりする。
3 適切にターンを取って、会話を始め、続け、終わらせる。
4 自分の発話をモニターし、誤りを修正したり、言い直したりする。

問3 文章中の下線部b「ポートフォリオ」のうち、「学習の成果」に当たるものを、次の1〜4の 中から一つ選べ。

1 毎回の授業で学習者が書いた「振り返りシート」
2 学習者が口頭発表のために作成したスライド
3 口頭発表に対する教師の評価シート
4 コース終了時の自己評価チェックリスト

問4 文章中の下線部c「eラーニング」の特徴として<u>不適当なもの</u>を、次の1〜4の中から一つ 選べ。

1 学習者自身が学ぶ時間を自由に選ぶことができる。
2 教師が学習者の学習状況をリアルタイムで把握できる。
3 授業の品質の均一性を保つことができる。
4 アダプティブ・ラーニングが行える。

問題 16

⇨解答・解説は P.126

次の文章を読み、後の問い（問1～5）に答えよ。

　日本語教師として仕事をする上で必要な知識は日本語に関するものだけでない。外国語教授法に関する知識はもちろんだが、a 異文化理解や第二言語習得に関する知識も大切である。近年では、AIの発展により、ICT教育も盛んに行われるようになってきたため、日本語教師のICTリテラシーが求められるようになってきた。Aさんは来学期から新たに日本事情の科目を担当することになったため、次のようなオンラインを活用した授業概要を考えてみた。

科目名：日本事情
対象者：学部留学生　20名（日本語レベル：JLPT N2合格程度）

授業概要

1.（事前学習） 学習者は反転授業形式でLMSにアップした b 教材動画にアクセスし、事前に配布されたタスクシートの課題に取り組む。課題は授業開始前までにLMSに提出する。
2.（対面授業） 学習者は4名ずつのグループに分かれ、事前タスクの課題プリントの内容を確認する。必要に応じて、教師が補足説明や解説を行う。その後、グループでテーマについてディスカッションを行い、最後にクラス全体でディスカッションの結果を共有する。
3.（授業後） 学習者はリフレクションシートを記入し、LMSに提出する。授業後に、動画やディスカッションに関するコメントをBBSの代わりに c 無料の情報共有ツールを用いて、学習者間で共有し、お互いにリアクションできるようにする。

問1　文章中の下線部a「異文化理解」のうち、異なる文化背景や価値観の違いによって生じた事象に対し、客観的に判断し、冷静に受け止め、多面的な解釈を試みるスキルを習得する訓練を、次の1～4の中から一つ選べ。

1　カルチャーアシミレーター　　2　アクティブ・リスニング
3　DIE法　　　　　　　　　　　4　ZPD

問2 文章中の下線部b「教材動画」について、SARTRASに申請済みの教育機関であっても、著作権上、望ましくないものを、次の1～4の中から一つ選べ。

1 オンライン授業中に、教員が録画したテレビ番組の一部をストリーミング配信で視聴する。
2 アニメの公式YouTubeで公開されている1話分を教師がダウンロードしてクラス全体で視聴する。
3 「表示」と「非営利」のCCライセンスが付与された動画を編集して、教材として用いる。
4 YouTubeの動画のURLを送り、授業時間外に学習者個人のパソコンで視聴する。

問3 文章中の下線部c「無料の情報共有ツール」のうち、この授業のように、ディスカッションに関するコメントを共有し、お互いのコメントを読み合い、リアクションを行う活動に最も適しているツールを、次の1～4の中から一つ選べ。

1 Slido　　　2 Kahoot!　　　3 Padlet　　　4 Quizlet live

問4 この授業を実際に行う場合、教師が取り組むこととして不適当なものを、次の1～4の中から一つ選べ。

1 タスクシートに異文化間理解や相互理解につながる質問を設定する。
2 学習者が自分の好きなタイミングで動画を視聴できるように配慮する。
3 グループ活動が円滑に進むように、司会やタイムキーパーなど役割を決めさせる。
4 授業の理解度を把握するため、学期末にパフォーマンス・テストを行う。

問5 この授業において、教師が果たす役割として最も適当なものを、次の1～4の中から一つ選べ。

1 メンター　　2 ファシリテーター　　3 ジェネレーター　　4 キュレーター

問題 17

⇨解答・解説は P.127

次の文章を読み、後の問い（問1～4）に答えよ。

　日本語の構造の特徴の一つに主要部後置型(head-final)がある。語と語がまとまって句を形成し、句がまとまって文を形成する。句や文の性質を決定する要素を主要部と言い、日本語ではそれが句や文の後部(final)に置かれるという性質を指すものである。この特徴から日本語学習者が文法を学習する場合、どのレベルであっても文末表現が重要となる。

　まず初級の段階では a動詞と形容詞が文末で述語となることを示し、その形式と表す意味との関係性を理解させる必要がある。例えば「昨日」や「先週」などの過去を表す表現と b述語のタ形が対応する文を取り上げ、その組み合わせを基本的な意味とするとよいだろう。

　さらに文の構造を学ぶ上では、名詞に後続する助詞に注目する必要がある。述語が表すできごとの中でそれぞれの名詞がどのような関係にあるかを表すのは格助詞である。述語そのものが持っている意味と格助詞との結び付きを整理することが求められる。その特徴を基本とすることで c ヴォイスの理解を積み上げていくことができる。さらに、文の骨格を作るための助詞だけでなく、d補足的な情報を表すための助詞も並行して示す必要がある。

問1　文章中の下線部 a「動詞と形容詞」の特徴に関する記述として最も適当なものを、次の1～4の中から一つ選べ。

　　1　動詞は文末で必ず「ます」の形式を取り述語となる。
　　2　形容詞は文末で必ず「です」の形式を取り述語となる。
　　3　形容詞は「イ形容詞」と「ナ形容詞」の二つに分けられる。
　　4　動詞は文末の形式から「子音動詞」と「母音動詞」に分けられる。

問2　文章中の下線部 b「述語のタ形」に関する記述として最も適当なものを、次の1～4の中から一つ選べ。

　　1　動詞のタ形は過去の出来事のみを表す表現である。
　　2　動詞のタ形は終止形にタが接続した表現である。
　　3　イ形容詞のタ形は「基本形＋カッタ」である。
　　4　ナ形容詞のタ形には3種類の形式がある。

問3　文章中の下線部 c「ヴォイス」に関する記述として最も適当なものを、次の1〜4の中から一つ選べ。

1　述語の形式が変わることで格関係が変化することをヴォイスと呼ぶ。
2　述語の形式が変わることで発話時との時間関係が変化することをヴォイスと呼ぶ。
3　述語の形式が変わることで話し手の判断の違いを表すことをヴォイスと呼ぶ。
4　述語の形式が変わることで動きの展開の局面を表すことをヴォイスと呼ぶ。

問4　文章中の下線部 d「補足的な情報を表すための助詞」として不適当なものを、次の1〜4の中から一つ選べ。

1　「花子が太郎と結婚した。」の「と」
2　「駅で友達に会いました。」の「で」
3　「グラウンドを3周走った。」の「を」
4　「庭に花がある。」の「に」

問題 18

⇨解答・解説は P.128

次の文章を読み、後の問い（問1〜5）に答えよ。

　文の組み立てとして、一つの述語から構成される文を単文というのに対して、複数の述語からなる文を複文という。日本語の複文においては句点「。」に近い文末の述語を含む節が主節とされる。例えば「雨が降ったので、〈昨日はテニスの練習が休みでした。〉」の場合は「休みでした。」を含む〈　〉部分が主節で、文全体をまとめる。主節の構造は基本的には a 単文の文法と同じである。一方、接続節の中で従属節と分類される節には主節に現れる表現が全て現れるわけではなく、b 主節への従属度によりこの制約の度合いが変わる。

　従属節は c 補足節・副詞節・連体節に分類される。補足節は動詞との関係性で選ばれる名詞相当表現に異なる特徴が見られる。副詞節は述語や文全体を修飾するものでさまざまな形式を取る。連体節は名詞を修飾する節を指し、「内の関係」と d「外の関係」として特徴づけられる表現がある。また e「限定的」「非限定的」という分け方をすることもできる。

問1　文章中の下線部 a「単文の文法」に関する記述として不適当なものを、次の1〜4の中から一つ選べ。

1　文末の助動詞の後にも終助詞が現れる。
2　複数の終助詞が続けて順序に制約なく現れる。
3　文を「〜ます。」で終わることができる。
4　文を「〜です。」で終わることができる。

問2 文章中の下線部 b「主節への従属度によりこの制約の度合いが変わる」に関する記述として最も適当なものを、次の1〜4の中から一つ選べ。

1 主節への従属度が低い場合は、その従属節に提題の「は」は現れない。
2 主節への従属度が高い場合は、その従属節に丁寧表現は現れない。
3 付帯状況を表す「〜ながら」の節は主節への従属度が低い。
4 理由を表す「〜から」の節は主節への従属度が高い。

問3 文章中の下線部 c「補足節」を含む例として不適当なものを、次の1〜4の中から一つ選べ。

1 犬が猛スピードで走っていくのを見た。
2 初めて会った人と話すことが苦手だ。
3 信じられないくらいうれしいニュースだ。
4 心の傷が早く癒えることを祈った。

問4 文章中の下線部 d「外の関係」の連体節を含む例として最も適当なものを、次の1〜4の中から一つ選べ。

1 花子が東京に行った日
2 太郎が東京で会った人
3 太郎が妹に送った本
4 太郎が笑っている写真

問5 文章中の下線部 e「限定的」用法を含む例として最も適当なものを、次の1〜4の中から一つ選べ。

1 昨日帰り道で会った友達
2 昨日思わず涙を流した私
3 昨日急に怒り出した鈴木氏
4 昨年MVPを取った田中選手

次の文章を読み、後の問い(問1〜5)に答えよ。

　ソシュールによれば、言語は記号の体系であり、_a指し示す記号内容と記号表現の間に必然的なつ<u>ながりはない</u>とされる。一方で従来から、擬音語はこの例外として、有契性があると言われることが多い。日本語はとくに擬音語や擬態語が豊かだと言われるが、数が多いだけではなく、音声的、形態的に一定のルールを持ち体系性を有しているというのが特徴である。また、例えば「ビリビリ」を例に取ると、「と」がつくと　(ア)　、「に」が付くと　(イ)　になるなど、その使い方も複雑である。

　また、幼児が「犬」のことを「ワンワン」、「車」のことを「ブーブー」と呼ぶなど言語発達の面からもオノマトペの役割は大きいと考えられる。ただし、オノマトペは表現を豊かにする一方、非母語話者にはわかりにくく理解の妨げになる可能性も大きいことから、「_bやさしい日本語」などではなるべく使用しないといった配慮も必要である。

問1　文章中の下線部a「指し示す記号内容と記号表現の間に必然的なつながりはない」という性質のことを何というか。最も適当なものを、次の1〜4の中から一つ選べ。

　1　恣意性　　2　線条性　　3　二重分節性　　4　超越性

問2　擬音語・擬態語の音声的特徴と意味の対応について、最も適当な組み合わせを、次の1〜4の中から一つ選べ。

1	促音	やわらかい
2	撥音	軽やかさ、余韻
3	濁音	一回性、瞬間性
4	鼻音	大きい、重い、鈍い

問3　文章中の　(ア)　(イ)　に入る言葉の組み合わせとして最も適当なものを、次の1〜4の中から一つ選べ。

	(ア)	(イ)
1	結果の副詞	程度の副詞
2	陳述の副詞	結果の副詞
3	結果の副詞	程度の副詞
4	様態の副詞	結果の副詞

問4 擬音語・擬態語の持つ性質として**不適当なもの**を、次の1～4の中から一つ選べ。

1 奈良時代から現在に至るまで、反復型のオノマトペが最もよく使用されている。
2 複合語、派生語の語基になることはできない。
3 名詞述語として使用される場合と、動詞述語として使用される場合とでアクセントが異なる。
4 触覚を表すオノマトペが多いのに対して、味覚や嗅覚を表すオノマトペは少ない。

問5 文章中の下線部b「やさしい日本語」について、オノマトペと同様、避けた方がよいとされるものに**該当しないもの**を、次の1～4の中から一つ選べ。

1 西暦の使用
2 ローマ字の使用
3 敬語（尊敬語・謙譲語）の使用
4 動詞連用形由来の名詞の使用

問題 20

⇨解答・解説は P.129

次の文章を読み、後の問い（問1～4）に答えよ。

日本語の表記の特徴として、平仮名、片仮名、漢字、アルファベットなど多様な表記体系が混在していることが挙げられる。平仮名は学習初期に学ぶものであるが、a 発音と表記のずれなど注意する点も意外と多い。また片仮名の使用も特徴的で、外来語や特定の専門用語、擬音語のように片仮名で書くことが義務的な場合から、軽さや新規性を出すために使用する場合、b「アメとムチ」「ムラ社会」のように和語であってもあえて片仮名で書き、その効果を狙うものまでさまざまである。

また、漫画やSNSなどを通して、学習者もさまざまな書き手による c 多様な表記に出合う機会が増えてきている。「あ゛」や「え゛」など逸脱した表記や、打ち言葉に見られる絵文字や顔文字など、さまざまな表記が見られるが、相手や場面の制約など使用にはルールが存在するものもあることから注意が必要である。

問1 下線部a「発音と表記のずれ」に関する説明として**関係のないもの**を、次の1～4の中から一つ選べ。

1 「は」「へ」を、それぞれ「wa」「e」と発音する。
2 「じ」と「ぢ」、「ず」と「づ」の発音の区別がない。
3 「東京」を「とおきょお」、「映画」を「ええが」と発音する。
4 「化学」を「ばけがく」、「私立」を「わたくしりつ」と発音する。

問2 下線部bの理由として関係の深い事柄を、次の1〜4の中から一つ選べ。

1 漢字が表意文字（表語文字）であること。
2 日本語に慣用句が多いこと。
3 分かち書きを行わないこと。
4 片仮名と漢字で似た形式の字があること。

問3 下線部c「多様な表記」について、「あ゛」や「え゛」という表記が認められない理由として正しいものを、次の1〜4の中から一つ選べ。

1 かつては日本語に2系列の母音があり、一方には濁点を付けることが可能であったが一系列に収束したため。
2 母音は、子音と異なり口の中での摩擦や閉鎖、破裂を伴わないため。
3 母音は有声音であり、有声化した音であることを示す濁点をさらに付加することはできないため。
4 「ヴ」を除き、外国語に対応する発音が存在しないため。

問4 下線部c「多様な表記」について、絵文字や顔文字は、身振り・手振り（ジェスチャー）などの非言語情報のほか、何を補っていると考えられるか。該当するものを、次の1〜4の中から一つ選べ。

1 副言語に関する情報
2 メタ言語に関する情報
3 共感覚に関する情報
4 文体に関する情報

基礎試験　演習問題

問題1

（1）＝ 2 　（2）＝ 2 　（3）＝ 3 　（4）＝ 2 　（5）＝ 2 　（6）＝ 1
（7）＝ 4 　（8）＝ 1 　（9）＝ 2 　（10）＝ 1 　（11）＝ 3 　（12）＝ 2

（1）　出入国在留管理庁のウェブサイトで公開されている在留外国人数の動向は、外国人の国籍の内訳とともに押さえておきたい。新型コロナウイルスの流行で2020年および2021年は減少したものの、2022年には過去最高の322万人を超え、2021年から約5％増加した。国籍・地域で最も多いのは中国で、次いでベトナム、韓国となっている。在留資格別では、「永住者」が最も多く、次いで「技能実習」「技術・人文知識・国際業務」「留学」となっている。

（2）　**技能実習制度**の目的は専門技術の習得である。技能実習制度は外国人が最長で5年間、働きながら技能を学ぶことができる制度だが、本人の希望によって勤務先を変えることができなかったり、安い給与で労働条件が厳しかったりする中で、実習生の失踪が相次ぐなど批判が多かった。このため政府は技能実習制度を廃止することを決定し、新たに「**育成就労制度**」を設ける方針を固めた。技能実習制度の下では原則できなかった、別の企業への転籍も同じ分野に限り認める方向で検討が進められている。

（3）　留学生受け入れに関する政策は、**留学生受入れ10万人計画**（1983年、中曽根内閣）、**留学生30万人計画**（2008年、福田内閣）を押さえておく必要がある。留学生30万人計画は2019年5月時点で達成され、2023年に政府は2033年までに外国人留学生を40万人受け入れ、日本人留学生を50万人送り出す計画を発表した。この計画の一環として日本語教育の充実に取り組むとしている。日本企業に就職する留学生は2022年時点において3万人を超えており、増加傾向にある。このうち、「留学」の在留資格からの変更で最も多いのは「技術・人文知識・国際業務」の在留資格で全体の約86％を占めている。

（4）　独立行政法人国際交流基金が実施している海外日本語教育機関調査の結果に関する問題である。2021年度の調査結果（2023年3月公表）によると、海外で日本語教育の実施を確認できたのは141カ国・地域とされており、過去42年間で実施国・地域数は2倍に増加している。2000年代まで最も学習者が多かった国は韓国である。2021年度の調査で学習者数が多い国・地域のランキングは1位が中国、2位がインドネシア、3位が韓国である。世界の日本語教育学習者数はこの3カ国で全体の約半分を占める。この順位は前回の調査と変わらないが、韓国の学習者数は11.5％減少している。

（5）　日本統治下にあった時代の朝鮮での日本語教育は国語教育として強制的に実施され、戦後し

ばらく公的な日本語教育は実施されていなかった。戦後の日本語教育は1965年の日韓国交正常化を契機とするというのが一般的な見方である。高等教育においては国交正常化に前後して大学に日本語が専攻科目として設置され始めた。中等教育では1970年代に日本語が高等学校の第二外国語科目の一つとして導入され、中学校においても2001年に第二外国語の一つとして日本語教育が開始された。なお、小学校において日本語は正規科目となっていない。1990年代後半から大衆文化の開放が進み、日本の映画やJ-popなどへの関心が高まり、日本語学習者が増加した。

（6） **JFT-Basic**（「国際交流基金日本語基礎テスト」）は独立行政法人国際交流基金が開発した日本の生活場面でのコミュニケーションに必要な日本語能力を測定するテストである。2019年4月1日から開始された在留資格「特定技能1号」を得るために必要な日本語能力水準を測るテストとしても活用されていることを押さえておきたい。

（7） 「**生活者としての外国人**」とは、日本に長期的に滞在している外国人を呼ぶときに用いられることばである。1980年代以降にニューカマーと呼ばれる人々の定住が増加し、こうした外国人の日本語学習ニーズが高まっていることを踏まえて、文化庁は2007年7月に文化審議会国語分科会に日本語教育小委員会を設置し、日本語教育施策に関する検討を行ってきた。そうした検討の結果作られたのが『「生活者としての外国人」のための日本語教育ハンドブック』である。「生活者としての外国人」のための日本語教育は、現時点においては認定日本語教育機関や国際交流協会などだけで行われているわけではなく、よって登録日本語教員だけが担っているわけでもない。

（8） 「**やさしい日本語**」の研究が行われるようになったきっかけは、1995年の阪神・淡路大震災である。現在、「やさしい日本語」はさまざまな領域で活用されるようになっており、医療現場もその一つである。「やさしい日本語」の使い方に関する研修、セミナーは各自治体でも行われており、広がりが出てきているが、研修を受けた人だけに使用が限定されているわけではない。NHKでは2012年4月から「NEWS WEB EASY」というウェブサイトにおいてやさしい日本語によるニュースの提供を行っている。

（9） 地方公共団体における「多文化共生の推進に係る指針・計画」の策定に資するため、「**地域における多文化共生推進プラン**」を策定しており、2020年9月に社会経済情勢の変化を踏まえて改訂を行っている。「やさしい日本語」の使用は多文化共生社会において普及が進んでいるが、公式文書の使用に義務付けられる条例などは制定されていない。日本で初めて多文化共生に関する条例を制定したのは宮城県仙台市で、2007年7月より施行されている。外国人労働者の受け入れの制限により日本人の雇用を維持しようという政策が行われているというのは間違い。各地域に増加しつつある外国人労働者などの外国人住民との共生が各地域の課題となっている。

(10)　CEFRは「**日本語教育の参照枠**」にも大きな影響を与えている言語学習・教育のための重要な参照枠組みなので、その理念とともにしっかり押さえておきたい。CEFRの根底にある理念は「複言語主義」と「複文化主義」である。言語能力の指標をCan doの能力指標で示しており、その段階は入門段階のＡ１から熟達した言語使用者レベルのＣ２までの６段階に分かれている。2018年２月に発表されたCEFRの補遺版(CEFR-CV)でも理念は変わることがないが、2001年に発表されたCEFRでは多く記載されていなかった、学習者のMediation(「仲介」と訳されることが多い)の活動、すなわち学習者と人や何かをつなぐ活動について大きく追加記述されている。なお、CEFRは口頭能力についても能力指標を示しているが、それだけを示した「言語口頭能力を測るガイドライン」というわけではない。

(11)　日本国内の**外国人児童生徒**の数は年々増加傾向にあり、これまで政府はさまざまな政策を実施してきた。その中には2014年から開始された「特別の教育課程としての日本語指導の設置」や公益社団法人日本語教育学会と連携した「児童生徒等に対する日本語教師【初任】研修」などがある。「特別の教育課程」による日本語指導の制度によって、子どもたちが所属している学級の教育課程における一部の時間に替えて学級外の教室で日本語の授業が受けられるようになった。しかし、こうした教室は外国人児童生徒が在籍する全ての学校に設置が義務化されているわけではなく、国によって統一された教育内容が提示されているというわけでもなく、各現場でさまざまな課題を抱えながら手探りの日本語学習支援が行われている現状である。各自治体にある夜間中学には外国人児童生徒の在籍率が多い学校もあるが、外国人児童生徒のために設置されているのではない。

(12)　日本に住む外国人はどのように増えてきたのか、その背景に何があるのかを整理することは重要である。特に、キーワードとして**ニューカマー**、**オールドカマー**、**インドシナ難民**、**中国帰国者**、**日系人**の受け入れの時期などを押さえておきたい。インドシナ難民とは、ベトナム戦争の終結と前後し、政情が不安定になったベトナム、ラオス、カンボジアのインドシナ3国から国外に脱出した人々のことをいう。日本政府は当時、明確な難民受け入れの政策を持たなかったが、インドシナ難民の増加に伴って、受け入れる体制を整えていった。その例として、姫路定住促進センター(兵庫県)、大和定住促進センター(神奈川県)の設置などがある。現在、どちらのセンターも閉鎖されており、2006年からはRHQ支援センター(東京都)が設置され、難民とその家族を対象とした定住支援プログラムが実施されている。

問題 2

(1)＝4　(2)＝2　(3)＝2　(4)＝4　(5)＝1　(6)＝2
(7)＝1　(8)＝3　(9)＝1　(10)＝2　(11)＝4　(12)＝3

(1)　常用漢字表内閣告示の前書きには「法令、公用文書、新聞、雑誌、放送など、一般の社会生活において、現代の国語を書き表す場合の漢字使用の目安」と記されている。漢字使用のよりどころを示すもので、常用漢字を用いるべきとの記述はなく、法的拘束力もない。

（2） 発話の順番（**ターン**）の交代は、話し手が作る一つのターン構成単位が終わる場所、すなわち話者交代適格箇所（TRP）で行われる。単語や句、文などの切れ目（文法的特徴）のほか、パラ言語的特徴、動作学的特徴も、話者が交代する合図となり得る。しかし、内容や話し手の意向で短いターンにも長いターンにもなることから、ターンを維持した時間自体は交代には関与しない。

（3） 1〜4は、日本語では「はさみを貸してください」という依頼として理解される。1、3、4は、依頼や許可を求める表現の文で丁寧さに違いがある。一方、2「いまお使いですか」は相手が使用中であるかを聞いているのではなく、「使っていなければ、貸してほしい」という含意（言外の含み）から依頼の意図が読み取れる。**高コンテキスト文化**では、文字通りの意味よりも、言わなくてもわかること、すなわち、発話の含意を察して理解しながらコミュニケーションを進める。「空気を読む」日本語は、その代表的な例に挙げられる。反対に、伝達内容を直接的に言語化することを強く求める**低コンテキスト文化**の例には、ドイツ語やアラビア語でのコミュニケーションが挙げられる。

（4） **コミュニケーション・ストラテジー**とは、言語能力の不足のために会話がうまくいかなくなりそうなときに使用する、さまざまな方略のことである。1はジェスチャー、2は援助要求、3は母語使用という方略によって問題を解消している。他に、言いたい語を知らず伝えられないために、言うのを諦めたり、その話をすること自体を諦めたりする「回避」や、簡単な日本語への「言い換え」の方略もある。4では、言語能力に起因する問題は起きていないため、コミュニケーション・ストラテジーを駆使した発話とはいえない。

（5） **アコモデーション理論**は、話し手が聞き手との関係をどのように認知して、自分の発話を調整しているかを説明する。2、3は、心理的距離を近づけるために相手の話し方に合わせて自分の話し方を変える**収斂**（**コンバージェンス**）の発話例である。反対に、4の故郷の方言を使い続ける現象は、相手を遠ざける**分岐**（**ダイバージェンス**）の発話例である。アコモデーション理論では、話し手の、母語を話す集団と目標言語を話す集団への帰属意識の軽重が第二言語習得の促進に影響すると考える。1は、場面に応じた適切な言葉遣いを選択するスピーチレベルシフトの例である。

（6） **言語政策**を具体的に進めていくことを**言語計画**と言い、三つの段階からなる。席次計画（地位計画）では、特定の言語に地位を与えて公用語を定める。複数の公用語間に序列を定める国もある。実体計画（コーパス計画）では、公用語の発音や文法、語彙、表記、文体についての標準や方法を確定する。「現代仮名遣い」「外来語の表記」「常用漢字」はいずれも日本語の書き言葉における実体計画に相当する。また、科学研究、情報など世界で共通に扱われる概念をどう表すかもこの実体計画で定められる。普及計画（習得計画）は、公用語を学校教育の場でどう習得させるかを決定する。

（7）　「敬語の指針」では**謙譲語Ⅰ**と**謙譲語Ⅱ**を区別し、それぞれの語形や機能を説明している。謙譲語Ⅰには、「お／ご～する」「申し上げる」「伺う」などがあり、自分側がする行為の向かう先の人物を立てる働きを持つ（素材敬語）。謙譲語Ⅱには、従来丁重語とされた「参る」「申す」「存じる」「いたす」が含まれ、自分のする行為について聞き手に対して丁重に述べる働きを持つ（対者敬語）。

　　　　「お／ご～する」は謙譲語Ⅰである。その動作をする人物つまり主語を低めて、動作が向かう先の人物を相対的に高める（立てる）ことになるので、2、4のように自分以外の人物の行為を述べると不適当となる。しかし1の場合は、話し手と同様に佐藤さんにとってもお客さまは立てるべき人物となるため、謙譲語Ⅰを使うことは正しい。謙譲語Ⅰは自分がする行為の向かう先の相手を必要とするが、3は飛行機に搭乗する行為の向かう先がなく不自然となる。この場合は「搭乗いたします」という謙譲語Ⅱの形を使えば、聞き手に対して丁重に述べることとなる。

（8）　1は尊敬語「お見えになる」の「なる」をさらに尊敬形「なられる」にした二重敬語であり、適切ではない。2の「伺って」、また4の「ご案内して」は、それぞれ「尋ねる」「案内する」の謙譲語Ⅰにあたり、その動作をする人物（ここでは聞き手）を下げる働きがあるため、適切ではない。3は「話している」の「話す」と「いる」をそれぞれ尊敬語の「お話しになる」と「いらっしゃる」にして、接続助詞「て」でつないでいる。敬語の指針ではこのようなものを「敬語連結」と呼び、二重敬語とは区別して、基本的には許容されるとしている。

（9）　**言葉のゆれ**とは、同時に幾つかの表現形式が存在する状態のことで、2、3、4のようにアクセント、語彙、文法、表記、敬語のある特定の項目における不安定な現象である。ゆれでなく乱れと言う場合には、否定的な価値観も同時に示される。共通語と方言は、場面や相手に応じて比較的安定して使い分けられているので、これを言葉のゆれとは捉えない。

（10）　2は、自分の持つ文化や育った社会の価値観を絶対視し、その尺度で他の文化を判断する**自文化中心主義**（エスノセントリズム、自民族中心主義）である。それに対し、**文化相対主義**（カルチュラル・レラティビズム）では、それぞれの文化の発展の経緯や価値観に違いはあっても、文化間に優劣はないと考える。

（11）　言語に多様性があることをバリエーションと言い、実際に見られるさまざまな言語形式を**言語変種**（バラエティ）と言う。地域方言も社会方言も言語変種であるが、特定の地域に共通の話し言葉としての言語変種を地域方言と呼び、1、2、3の他、階層や受けた教育なども含めた社会的属性によって使い分けられる言語変種を社会方言と呼ぶ。

（12）　カナルとスウェインが提唱した**コミュニケーション能力**は文法能力、社会言語能力、ストラテジー能力、談話能力の四つに整理される。3の伝達能力は、ハイムズによって主張されたコミュニケーション能力の概念を表す語である。

問題3

（1）＝4 （2）＝3 （3）＝3 （4）＝4 （5）＝1 （6）＝2
（7）＝4 （8）＝4 （9）＝1 （10）＝3 （11）＝2 （12）＝3

（1） 正解は選択肢4。**スキーマ**とは、ある人がさまざまな経験を通して身に付ける、総合的な知識のこと。4の場合、日本で生活した経験が長い人は、毎年4月に入学式や入社式など、新しい組織に入って新しい人間関係が始まることを経験したり、ニュースなどで見聞きしたりしている。こうした経験から得られる「4月」についてのまとまった知識をスキーマと呼ぶ。1は**プロトタイプ**、2は**カテゴリー化**、3は**シネクドキ**の例。

（2） 正解は選択肢3。**スキミング**と**スキャニング**はいずれも速読の方法だが、スキミングは全体的に何が言いたいのかを読み取ること(選択肢4)、スキャニングは必要な情報を読み取ること。

（3） 情報を記憶する際、ばらばらの情報を一つ一つ覚えるよりも、ある一定のまとまりを作るほうが記憶しやすくなるが、このように、個々の情報をまとめて作られた固まりのことを**チャンク**、そのチャンクを作るプロセスのことを**チャンキング**と呼ぶ。ミラーは、短期記憶に保持できるチャンクの量は7±2であるとした。言語習得においては、習得初期段階では「わたし」「は」「きのう」「がっこう」「に」「いきました」のように、一度に処理できるチャンクが小さいが、習得が進むにつれ、「わたしはきのう」「がっこうにいきました」のようにチャンクが大きくなっていく。このことによって、目標言語を素早く処理し、正確に流暢(りゅうちょう)に運用できるようになる。流暢(りゅうちょう)な言語運用に欠かせないのがチャンクであるため、ある言語の話者は、脳内にその言語に関する多数のチャンクを持っているが、母語話者と第二言語話者ではそのチャンクは異なることがある。例えば場所を表す助詞「に」と「で」は、「東京に住んでいます」「東京で勉強しています」のように、どちらを使うかは動詞によって決まる。これに対して、学習者は「上」「下」のような相対的な位置を表す名詞と「に」、具体的な場所を表す名詞と「で」を一つの固まりとして記憶し、「窓の前に勉強します」「東京で住んでいます」のような誤用を産出することがある。(迫田, 2002)
チャンクの構成要素一つ一つについて理解することが必要な場合もあるが、特に習得の初期においては、例えば「これお願いします」を固まりで覚えたほうが、「これ」「お」「ねがい」「します」を一つ一つ理解して産出するよりも流暢(りゅうちょう)な発話につながる。

（4） **長期記憶**の中にある、語の音声・意味・表記・使い方など、語彙に関する知識を蓄えている部分を**心的辞書**(心内辞書・メンタルレキシコンとも呼ばれる)という。心的辞書の中では、似た音声や表記の単語、類義語・対義語のような意味的関係、コロケーションや慣用句のような共起関係などによって、語と語がネットワークを作っている。このネットワークは、さまざまな経験や学習を通して形成されるため、ある言語の話者の間で共通する部分もあるが、個人差がある部分も大きい。
このような心的辞書の特徴を考えると、心的辞書の中にどのくらいの量の語彙知識が格納されているかという点と、一つ一つの知識がどのように結び付いているかという、二つの側面

があることがわかる。前者を**広さ**、後者を**深さ**という。母語と第二言語では、語の音声や表記は異なるものの、その語が表す概念は共有している。例えば、「dog」が表す概念に関する知識を持っている英語話者が日本語を学ぶとき、その概念を表す日本語として「犬」を学習する。このように、第二言語の語彙学習は、既に母語で身に付けた語の概念を利用し、第二言語の語をマッピングさせていく過程である。

（5）　正解は選択肢1。誤用には、母語が原因となっている誤用と、母語に関係なく起こる誤用があるが、前者を**言語間誤用**、後者を**言語内誤用**と呼ぶ。言語内誤用は、習得が進む中で必然的に起こるため、**発達上の誤用**とも呼ばれる。選択肢1は、名詞・ナ形容詞の活用ルールをイ形容詞に当てはめている、**過剰般化**である。選択肢2と4は母語が原因となっているため言語間誤用。選択肢3は、学習者が自信のない項目を使わないことで、**回避**と呼ぶ。

（6）　**リキャスト**とは、学習者の発話に誤りが含まれていたとき、誤りがあることを明示的に示さず、自然なやり取りの中で正用に言い直す形の**訂正フィードバック**を指す。訂正フィードバックは、学習者の発話に対して、それが誤りであることや、意味伝達に失敗していることを伝える**否定証拠**を与える役目がある。通常のインプットからは、ある発話が正しいことを示す**肯定証拠**は示されるが、否定証拠は示されないため、教師による訂正フィードバックは重要である。選択肢1～4は全て否定証拠を与えるフィードバックだが、その中でリキャストは自然なやり取りの中で行われるという利点がある一方、学習者に気付かれにくいという欠点がある。

（7）　正解は選択肢4。**状況的学習論**は、レイヴとウェンガーが提唱した学習論で、第二言語習得に限らず、学習一般について述べた理論であり、**ピア・ラーニング**の理論的基盤となっている。選択肢1は**チョムスキー**が提唱した「**言語獲得装置**」。チョムスキーは、幼児が受けるインプットについて、ある形式が「使える」という証拠はあるが、「使えない」という証拠はないにもかかわらず（**刺激の貧困**）、成長するにつれ正しい形式のみを使うようになっていくことに着目し、その理由を、人間が言語獲得装置を先天的に持っており、この装置が働いているからだとした。選択肢2はトマセロが提唱した「**用法基盤モデル**」、選択肢3はスキナーが提唱した「**行動主義**」。

（8）　正解は選択肢4。家庭内で使われる言語と家庭の外で使われる言語が違うケースや、親が外国にルーツがあるケース、外国で生まれその後成長するどこかの段階で日本に来たケースなど、言語的にも文化的にもさまざまな背景を持つ子どもを、**CLD児**（Culturally and Linguistically Diverse Children、文化的・言語的に多様な子ども）と呼ぶ。CLD児の言語習得を考える場合、母語と第二言語の関係と共に、認知的な発達も考慮しなければならない。カミンズの**敷居（閾）仮説**によれば、バイリンガルの子どもの言語的・認知的発達は、両言語とも能力が低く認知的にマイナスの影響がある**限定的バイリンガル**、どちらか一つの言語が年齢相当の能力を持つ**弱い均衡バイリンガル**、両言語共に年齢相当の能力を持ち認知的にプラスの影響がある**均衡バイリンガル**の三つの段階がある。両言語とも能力が低く、認知的にマイナスの影響を及ぼす場合は**ダブルリミテッド**とも呼ばれる。二つの言語を習得しているとき、両言語は全く別々に発達するのではなく、互いに影響し合っており、認知的な能力は共有していると言われている（**2言語基底共有仮説**）。以上のことから、家庭内の言語を日本語にす

ることが、必ずしも第二言語である日本語の発達を助けるとは限らない。また、アイデンティティの面からも、母語や母文化を尊重することは大切である。選択肢2について、友達と流暢（りゅうちょう）に話すなど日常生活を送るための言語能力（**BICS**: Basic Interpersonal Communication Skills）と、授業についていくための言語能力（**CALP**: Cognitive Academic Language Proficiency）は異なる能力であり、後者のほうが発達に時間がかかる。そのため、友達とおしゃべりができていても、授業が理解できていない可能性は十分考えられる。選択肢3は、「言語習得には適した年齢があり、その年齢を超えると母語話者並みの言語能力を身に付けることはできない」という、**臨界期仮説**に関係している。この仮説に関してはさまざまな議論があり、まだわかっていないことも多いが、発音やリスニング能力は低年齢のほうが身に付きやすい一方で、語彙や文法は年齢が高いほうが早く習得が進むと言われている。

（9）　正解は選択肢1。**フォーカス・オン・フォーム**（Focus on Form: FonF）は、意味のあるやり取りや、そのときに扱われているテーマに関する学習をする中で、学習者側にニーズが生じたときに言語形式に焦点が当てられる。選択肢2は意味の処理のみに焦点を当てる**フォーカス・オン・ミーニング**（Focus on Measning: FonM）。選択肢3は言語形式のみに焦点を当てる**フォーカス・オン・フォームズ**（Focus on Forms: FonFS）。第二言語習得研究の蓄積によって、FonFSでは言語の運用力が身に付かない一方、FonMでは正確さが身に付かないこと、意味に焦点を当てつつ言語形式にも意識を向けさせるFonFが最も学習効果が高いことがわかっている。選択肢4は、基本的な学習を授業前に行い、授業では応用的・実践的な学習を行う**反転授業**の例。

（10）　**アサーティブ・コミュニケーション**とは、相手も自分も尊重するコミュニケーションスタイルのことで、相手の話をよく聞くこと（**傾聴**）と、自分の考えをきちんと伝えること、両方を行うものである。四つの選択肢のうち、3がアサーティブ・コミュニケーション。相手の話を聞く際には、すぐに判断しない**エポケー**が大切であり、また、自分の気持ちや考えを伝える際には「わたしは～だと思う／感じた」のように**わたし文**を使うとよいとされている。

（11）　クラッシェンは**情意フィルター仮説**において、情意フィルターが高いとインプットが阻害されるとしたが、この情意フィルターを高くする要因の一つが**第二言語不安**である。第二言語不安は、失敗して教師やクラスメートから笑われるのではないか、目標言語でうまくコミュニケーションできないのではないか、テストでいい点を取れないのではないか、など多岐にわたるが、教師のちょっとした対応で不安が大きくなったり軽減されたりすることもあり得る。ただし、不安を感じないようテストをやめる、否定的評価を避けるなどは、かえって学習者の学びの機会を奪うことになりかねないため、テストの目的や意義を伝える、肯定的評価と否定的評価を同時に与えるなど、学習者が自信を持って学習を進められる方法を取る必要がある。

（12）　新しい環境に入ったとき、これまでに自分が持っていた考え方や価値観、行動様式などとは異なる文化と接することがあり、そこで受ける違和感や衝撃といった感情を**カルチャーショック**と呼ぶ。「ショック」という言葉からイメージされる瞬間的で大きな衝撃だけでなく、小さ

な違和感の積み重ねからストレスを覚えることも、カルチャーショックに含まれる。カルチャーショックは国と国の文化差だけでなく、新しい学校や職場、新しい人間関係など、これまでと異なる環境に入ったときであればどんな場合でも経験する可能性がある。また、文化的差異が小さいと思われる場合でも、小さいからこそちょっとした違いが気になるケースもあるため、差異の大きさとカルチャーショックの深刻度は一致しない。カルチャーショックは誰にでも起こり得るが、深刻な場合は自然に回復することが見込めない場合もあるため、周囲からの適切な**ソーシャルサポート**が必要である。新しい環境に入ったとき、最初は期待感などからよい感情を抱くが、徐々にカルチャーショックの状態になり、さらに環境に慣れていくと適応できるようになる。このような過程を**Uカーブ**という。

問題 4

（1）= 1　（2）= 3　（3）= 3　（4）= 1　（5）= 3　（6）= 4
（7）= 3　（8）= 3　（9）= 2　（10）= 1　（11）= 1　（12）= 3
（13）= 4　（14）= 2　（15）= 3　（16）= 3　（17）= 2　（18）= 4
（19）= 1　（20）= 1　（21）= 3　（22）= 4　（23）= 1　（24）= 2
（25）= 3　（26）= 3

（1）　2019（平成31）年度に文化審議会の発表した「日本語教育人材の養成・研修の在り方について（報告）」改訂版では、質の高い日本語教育を目指し、日本語教育人材をその活動分野、役割、段階に分類し、それぞれについて、求められる資質や能力、またそれぞれに応じた教育分野やカリキュラムを提示している。当報告では就労者については、話す力のみならず、就職後には日常的に必須となるメールなどを書く力の養成についても対応できるようなプログラムや教師の必要性が指摘されている。現実的にも、就労者はメールのみならず、指示や報告が文書で与えられることが考えられ、またそれらを発信する必要が出てくることもあることを考えれば、「読む」「書く」の必然性がないとは言い切れないであろう。

（2）　日本語教育人材については、「**学習支援者**」「**日本語教師**」「**日本語教育コーディネーター**」という役割に分類されている。また、教育人材の活動分野としては、「生活者としての外国人」、「就労者」、「児童生徒」、「留学生」、「難民等」を対象とした日本語教育が挙げられている。「日本語教育コーディネーター」は、指導のほかに、プログラムの策定・教室運営・関連機関との連携を行う者を指す。例えば、地域の日本語教室においては、地域日本語教育コーディネーターとして学習支援者と共に、学習者の支援に当たる一方で、地域の行政・関連機関と連携し、プログラムの編成・実践を図る者と位置づけられている。

（3）　教師は教室活動において教材を用いる際には、それぞれの教材の**著作権**に十分配慮しながら行わなければならない。著作権は知的財産権の一部で、教育機関における著作権については、著作権法35条に定められている。それによると、大学・各種学校などの非営利目的で設立された教育機関では、その公共性からある条件下では、他人の著作物（絵・小説・作品）を著作者の許諾なしに複製して使えることとなっている。それらの条件とは、例えば、教育を担当する

者（教師）と教育を受ける者（学習者）が著作物を授業やテストで利用すること、その分量が授業に必要と認められる分量であること、該当著作物が問題集やドリルなど生徒の購入を想定されたものでないことなどが該当する。また、許諾なしに使用される範囲であっても、出典は記述することが求められる。

（4） 引用に際しても著作権法32条に、すでに公表された著作物であること、公正な慣行の範囲であり、必然性があること、引用部分が明確であることなどの許諾が必要ない範囲が定められている。選択肢1は公表された著作物ではなく、許諾を得ずに引用することは適当とは言えない。

（5） ピア・ラーニングは、学習者が仲間（ピア）との相互的なやり取りを通し、主体的に学ぶという活動である。学びの過程を仲間と共有することで、学習項目だけでなく、社会性構築スキルも学べるとされている。この活動における教師は、正しい答えを持っている指導者ではなく活動の支援者、**ファシリテーター**としての役割が望まれる。作文活動、読解活動、プロジェクトワークなど多様な形態としてのピア・ラーニングが行われているが、3はその中の一つであるピア・レスポンスと言われる作文活動についての記述である。

（6） **ヨーロッパ言語共通参照枠**（CEFR）は、言語や国境を越えて、言語能力を統一的に評価できる国際的な枠組みである。日本語教育の参照枠はCEFRを踏まえて、日本語教育の枠組みから検討されたもので、CEFRと同様、**行動中心アプローチ**（action oriented approach）を基盤としている。行動中心アプローチについては、1〜3の通りである。

（7） **TPR**は「トータル・フィジカル・レスポンス（Total Physical Response）」の略語でアメリカの心理学者アッシャーにより提案された。幼児が話せない段階にあっても、周りの発話を理解し、指示に従えるように、学習者もその指示と動作の反応を結び付けるように求められる。幼児と同様に、話すことを最初から要求されないなど、学習者にはストレスが少ない教授法である。教育現場でこの教授法が全般的に採用されることはあまりないが、練習の一部として使用される場合は多い。例えば、教師の口頭での指示を学習者が理解し、その理解に合わせて、ジェスチャーをしたり、体を動かしたりするような練習などである。

（8） **直接法**（ダイレクト・メソッド）は、言語教育が文法訳読法からコミュニケーション能力重視の教育への転換期に現れた、ベルリッツによるナチュラル・メソッドなどを指すこともある。これらの指導法は、幼児の母語習得のように、媒介語を用いることなく、口頭練習を重視する指導法である。しかし、現場において「直接法で」教えていると言った場合、媒介語を用いず、目標言語の日本語のみを用いて教えている、という意味で用いられることが多い。

（9） 教師は教室内で「先生」と呼ばれる自らの立場に甘んじることなく、「**自己研修型教師**」であることが求められている。自己研修型教師であるためには、従来の研究から得られる知見を保持しているだけにとどまらず、日々自らの課題や担当する学習者を客観的に分析し、そこで見つけられた課題に対して能動的に動いていけることが期待されている。

(10) 「**反転授業**」は、文法などの説明をクラス内で行い、課外で実践を行うという従来よくあった構造を「反転」させた授業である。学習者は事前にオンライン上の動画などで内容を把握していることがクラス内での活動を行うための必須要件であるため、学習者が必ず事前学習を行うような工夫も必要である。

(11) オーディオリンガル・メソッドは、行動主義心理学と構造主義言語学を理論的基礎においた外国語教授法である。選択肢 1 が正解。2 は文法訳読法、3 はナチュラル・メソッド、4 はフォーカス・オン・フォームについての解説である。

(12) クラッシェンは「**習得・学習仮説**」(acquisition/learning hypothesis)、「**モニター仮説**」(monitor hypothesis)、「**自然な順序の仮説**」(natural order hypothesis)、「**インプット仮説**」(input hypothesis)、「**情意フィルター仮説**」(affective filter hypothesis)の五つの仮説を唱えている。4 はこのうち「情意フィルター仮説」。「インプット仮説」については「理解可能なインプット」が一体何を指すのかについてなど、批判は多いが適切なインプットが指導において欠かせないという点では、広く支持されている

(13) **内容重視の教授法**(CBI、Content-Based Instruction)は、1 ～ 3 に見られるような特徴を持った教授法である。

(14) 1 の**サイレント・ウェイ**は、母語習得過程の精神面に着目した教授法で、教師が極力話さず、カラー・チャートやロッドといった教具が使用される。3 の**TPR**は、母語習得過程において子どもは話せなくても、親や周囲の話すことを理解して行動できることに注目した教授法で、教師が口頭で指示や命令を伝え、学習者はそれを聞いて行動するということが求められる。4 のサジェストペディアは暗示学を応用した教授法で、室内の装飾やBGMなどにより学習環境を整えることで学習者の潜在能力を引き出すことができると言われている。

(15) **CLIL** の4C は、**Content**（内容）、**Communication**（言語）、**Cognition**（思考）、**Culture/ Community**（協学／文化）である。Cooperative Language Learning（協同学習言語法）は、授業の多くの時間でペアやグループによる活動を行い、教師はファシリテーターとして学習者の主体的な学びを支援する役割を担う。

(16) 1 は構造シラバス、2 は場面シラバス、4 はトピックシラバス。

(17) 1 は文法能力、3 は談話能力、4 はストラテジー能力。

(18) サバイバル・ジャパニーズでは、日本で生活する際に必要最低限の知識や言語を短期間で教えるため、関連のテキストでは20～30時間程度の学習時間を想定していることが多い。初級終了レベル（日本語能力試験N4レベル）に達する学習時間は、300時間程度とされている。

(19) ミニマルペア(minimal pair)とは1カ所だけ音素が異なることで意味の弁別がある語のペアのこと。2は長音の有無、3は促音の有無、4は撥音の有無。長音・促音・撥音を合わせて特殊拍という。

(20) パターン・プラクティスは正確性のための練習として行われる。

(21) レアリアは実物や生教材のこと。TBLTは**タスク重視の教授法**(Task-Based Language Teaching)であるため、「計画を立てる」というタスクを行うために用いる3が正解。1は文型練習の導入として、2はドリル練習として、4は文化理解を深めるために用いている。2のQuizletは学習ツールであり、レアリアではない。

(22) 妥当性とは、測定しようとしているものを的確に測定できているかに関する度合いのこと。1は信頼性、2は実用性、3は真正性。それぞれ、同一の条件下で一貫した結果が得られるか、受験者や受験環境、実施環境に適しているか、テストの実施環境が学習者の現実の言語環境を反映しているかに関する度合い。このほか、客観性(テスト結果に実施者の主観が入り込む度合い)もあり、テストの作成や開発でこれらの観点が重視される。

(23) **アダプティブ・ラーニング**は「個別最適化学習」「適応学習」とも言われ、個々の学習者の理解度や関心に合わせて教育内容を柔軟に対応させる学習方法。ビックデータ(膨大なデータ)を活用することで個々の学習ペースに合わせた学習が行える。2のシミュレーションは教室で擬似場面を設定し、課題を遂行することを通して必要な言語運用能力を目指す活動で、3のプロジェクト・ワークは学習者が協同で課題に取り組み、何かを達成する活動を指す。4のアクティブ・ラーニングは知識伝達型の講義と対立し、学習者の主体的な学習を目指した学習方法である。

(24) 1はライブ講義型、3はウェブ会議型、4は課題提出型と言われる。教師から学習者の情報の伝達が「一方向」のものが1と2、「双方向」のものが3と4であり、リアルタイムで行う「同期型」が1と3、録画などを用いる「非同期型」が2と4である。対面授業とオンライン授業が混在したハイブリッド型、オンデマンド型とハイブリッド型が混在したハイフレックス型など、学習者の状況に応じた多様なオンライン教育が展開されている。

(25) 3は他の三つより採点者の主観が関わる度合いが大きい。他は客観テストに属する。クローズ・テストは空所補充法によるテストの一つである。

(26) 3は原則にはない。日本語教育の多読では選択肢1、2、4の3原則以外に「易しいものから読む」という原則もある。日本語は平仮名・片仮名・漢字と3種類の文字表記があり、漢字の読みに困難を感じる学習者も少なくないため、朗読音声が用意されている多読教材が多い。原則にはないが音楽を聴きながら読むことより、朗読音声を聴きながら読んだほうが多読の効果が期待されるといえる。

問題 5

（1）＝ 4　（2）＝ 3　（3）＝ 1　（4）＝ 2　（5）＝ 2　（6）＝ 2　（7）＝ 4
（8）＝ 1　（9）＝ 4　（10）＝ 3　（11）＝ 4　（12）＝ 3　（13）＝ 1　（14）＝ 1
（15）＝ 2　（16）＝ 2　（17）＝ 4　（18）＝ 1　（19）＝ 3　（20）＝ 3　（21）＝ 4
（22）＝ 4　（23）＝ 2　（24）＝ 1　（25）＝ 2

（1）　**形態素**とは意味または文法的機能を持つ最小の単位のことで、単独で現れる**自由形態素**と**拘束形態素**に分けられる。同一の形態素が音韻的な理由を背景に異なる形で現れるものなどを異形態と分析する。4 の動詞に接続して過去の意味を表す「－た」と「－だ」は異形態で正しい例である。連濁により現れる「はし」と「ばし」もこれに当たり、1 の記述は正しくない。2 の「－さ」と 3 の「－み」はイ形容詞の語幹に接続して全体を名詞とする拘束形態素の中の派生形態素であり、どちらも間違いである。

（2）　曖昧性 (ambiguous) は、同じ形式が二つ以上の解釈を持つことを指す。このうち、単語に二通りの意味がある場合は語彙的曖昧性と呼ぶ。1 の「ようし」は「要旨」「用紙」など複数の解釈の可能性があるため正しい。この性質は多義性 (polysemy) とも言われる。一方、単語には多義性はないが文の構造から二通りの意味を持つものを構造的曖昧性と呼ぶ。2 は「昨日」が「友達からもらった」にも「履いて出かけた」にもかかる構造的曖昧性を持つ例である。4 の例も「太郎の」がすぐ後に続く「速いサーブ」と、連体修飾節の被修飾名詞である「ナイスプレー」とにかかり、構造的曖昧性を持つといえる。3 の例の「うで」では「右腕」なのか「左腕」なのかわからない。このような例は漠然性 (vague) と呼ばれるもので、語彙的な特徴や構造的な問題から現れる複数の解釈ではなく、単にその表現が表す意味がはっきりしないということを指すため「曖昧性」の例とはいえない。

（3）　Ⅰ グループの動詞のテ形の規則に従っていないのは 1 の「行く」である。「書く」「聞く」のように基本形が「－く」となる動詞のテ形は「書いて」「聞いて」のように「－いて」となるのが規則であるが、「行く」は「行って」であり、例外の形式となる。基本形が「－る」の 2「帰る」、基本形が「－う」の 3「買う」、基本形が「－つ」の 4「持つ」は規則に従って「帰って」「買って」「持って」となる。

（4）　**ナ形容詞**は学校文法では形容動詞と呼ばれる。この語が述語となるときの表現形式は名詞と同じで 2 が正解である。ナ形容詞「親切」と名詞「学生」を例に述語を示すと次のようになる。
　　　ナ形容詞：親切です／じゃありません／でした／じゃありませんでした。
　　　名　　詞：学生です／じゃありません／でした／じゃありませんでした。
　　　動　　詞：行きます／行きません／行きました／行きませんでした
ナ形容詞は名詞を修飾する形式として「親切な人」のように「な」が現れる。ナ形容詞の基本形は「－だ」であるため 4 は間違い。また、文末の述語としては「だ／である／です」の 3 通りの形式があり、それぞれは「普通／硬い／丁寧」に対応する文体を持っているが、名詞を修飾する場合にはこのような差はないため 3 も正しくない。

（5）　受け身文には**直接受け身文**と**間接受け身文**がある。間接受け身文の主体は動作の影響を間接的に受けるもので2がそれに当たる。元の文は「花子が試験でトップを取った」でこの文には「私」は含まれない。一方「部長が（私に）出張を命じた」「先生が（私を）褒めた」で述語が表す行為の対象者である「私」が直接受け身文では主体となる。従って3と4は直接受け身文である。1は「犬が私の腕をかんだ」という元の文の対象である「私の腕」が分離して「私」が主体となるもので、間接受け身ではない。

（6）　連体詞の「ろくな」は「ろくなものではない」のように否定の表現と一緒に現れるもので2が正解である。1は「ない」が取る範囲について述べている。「肉を食べなかった」のように直接接続する動詞を否定するのはもちろんだが、「肉を食べたのではない」のように「肉を」を焦点に取る場合もあり、1の「動詞のみを」という表現は正しくない。また否定の「ない」は判定詞や助動詞を含む全ての述語に接続するため3は正しくない。丁寧体の形式である「ます」は「動詞の連用形（マス形）」に接続するもので否定の形式も同じであるため4も間違っている。

（7）　「肯定文＋か」は典型的なパターンであるが、「昨日は行ったの？」「昨日は行った？」のような疑問も可能なため1は正しくない。日本語では疑問語が入っても語順はそのままでよいため2も間違いである。また疑問語を含んだ「何を聞いたのだろう」のような文は下降調イントネーションを伴って「自問」の意味となるもので、上昇イントネーションを伴っても聞き手に対する質問にはならない。従って、3も正しくない。4の記述は「質問型」の疑問文についての正しい記述である。

（8）　同じ出来事を表す「（私が）弟から本をもらった」と「弟が（私に）本をくれた」のそれぞれの構文上の主語は「私が」と「弟が」であり1は間違っている。2の「くれますか」の主語は聞き手である「あなた」で、「もらえますか」は話者である「私」である。話者である自分を主語としてその行為が可能かどうかを尋ねる文の方が、相手の行為を求める文より丁寧な印象となる。3と4は正しい記述である。

（9）　友達の「明日来てね」という発言を間接引用にすると、「友達が明日来いと言ったから……」のように引用者が捉え直した表現、ここでは「命令形」となり、4は正しい記述である。引用の従属節を導く形式は、直接引用では「〜と」で間接引用では「〜と」と「〜ように」があり、1と2の記述は間違いである。直接引用は発言者の文言をそのまま引用するもので、当然丁寧表現も含まれるため3も正しくない。

（10）　「**モダリティ**」は「**ムード**」とほぼ同じ意味で用いられる。証拠に基づく推量を表す「〜らしい」と「〜ようだ」についての1と2の記述は正しい。また「だろう」は「だろうだった」と言えないことから4の記述は適切である。3の副詞「きっと」は「だろう」のようなモダリティ表現とは共起するが、伝聞の意味での「〜らしい」などとは共起しないため正しくない。

（11）　並んで立っている話し手と聞き手の近くにあるものは「これ」で指すため4は正しくない。1・

　　　　　2・3は正しい記述である。

(12)　「東京からのお客さん」のようにカラが後続する名詞が「の」を介して名詞を修飾することが
できるため3は正しくない。1は「学校の門」、2は「たくさんの人」、4は「赤い服を着夕人」
のような表現が可能であり、名詞句の構造を正しく記述している。

(13)　Ⅱグループの動詞は全て「る」で終わり音便が起こることはないが、Ⅰグループにも「乗る」「走
る」など「る」で終わる動詞(ラ行五段動詞)があり、「乗った」「走った」のように促音便が起こる。

(14)　1のみ「本を3冊書いた」のように数量詞の位置を移動させることができるが、他は「バイク
を500cc乗っている」「教室が4階全て使われている」「ヨットを10人乗り借りた」のように
言うことはできない。これは「数量詞遊離」と呼ばれるもので、数量詞によって表されるもの
が、名詞の個数や量ではなく、名詞の種類や性質である場合、移動することはできない。

(15)　1音節のstrikeが外来語として取り入れられる際には、日本語の音韻体系に合わせて開音節
化されるので「sutoraiku」のように母音が挿入され、音節数は増えるのが一般的である。1
の意味変化は、openが「オープンする」となることによって主に店舗の開店・開業のみを表
すようになるなど、意味が限定されることが多い。3は、「サングラス(sunglasses)」「アイス
コーヒー(iced coffee)」のように接辞が脱落する。4は、ironが「アイロン」と「アイアン」、
strikeが「ストライキ」と「ストライク」のように別の語として取り入れられるものがある。

(16)　ある音が隣接する音の影響を受けて変化することを「**同化**」といい、前に来るものの影響を
受けて後ろが変化するものを**順行同化**、逆に後ろに来るものの影響を受けて前の要素が変化
するものが**逆行同化**である。1の撥音「ん」は後に続く音によって [m]、[n]、[ŋ]、[ɲ]、[ɴ]、鼻
母音のいずれになるかが決まる逆行同化である。3については、後続の母音 [i] が前舌高母音
であることから、その前に来る子音も [i] の発音の準備をして硬口蓋に寄る逆行同化である。
4の促音「っ」も後ろに来る子音の発音の構えをして発音されるので、逆行同化となる。長音
「ー」は、直前の母音をさらに1拍分伸ばすもので、順行同化の例である。

(17)　**対義語**は意味が反対の関係にある語のことであるが、さまざまなタイプがある。1から3は
全て視点に基づくもので、一つの事柄をどの視点から描くかによって表現が変わり対義関係
を成すものである。4は「生」でなければ「死」、「死」でなければ「生」という表裏の関係を成
すもので、相補的な対義関係である。「表」と「裏」、「出席」「欠席」などもこれに当たる。この
ほか、「長い―短い」のように程度性を持つ連続的な関係にある対義語のペアや、「北極―南極」
「最短―最長」のようにある尺度の中での両極に位置する語のペアもある。

(18)　日本語の親族名称は目上に対しては「お父さん」「お姉さん」「おじさん」のように呼称として
も使用することができるが、「弟」「妹」「おい」など自分より下のものを表す親族名称は呼称と
して使用することはできない。2は年長者ではなく、最も下の者の視点に合わせて使用する。
3は「おじさん」「おじいさん」など親族ではないものに対しても使用可能である(親族名称の

虚構的用法)。4は「おじ」「おば」など父方か母方かによって形式が異なることはない。

(19) 1の「河原(kawara)」は「河(kawa)」「原(hara)」から、「原」の「ha」が脱落したもの。2は「風(kaze)」が「kaza」となる転音、4は「彼岸(higan)」と「花(hana)」が結合し複合語になることにより後部要素の「花」がbanaとなる**連濁**と呼ばれる現象。3については、音韻変化は起こっていない。

(20) 使役文と受動文のどちらがより一般的なものかという判断は困難。能動文に対する使役文、または、能動文に対する受動文であれば、能動文が無標、使役文、受動文がそれぞれ有標と考えることができる。

(21) 混淆(こんこう)とは語形成の手段の一つであり、意味の変化には当たらない。

(22) 単語が結合して複合語になった場合、アクセントの位置が変わる。「ゆでたまご(ゆでた￣まご)」「海外旅行(かいがいりょ￣こう)」のように複合語では前に来る単語のアクセント核はなくなり、後に来る単語の元のアクセントによって決まる。イ形容詞は「あかい」「とおい」などの平板型と、「あお￣い」「ちいさ￣い」などの起伏型に分けられる。近年、両者の区別がなくなってきつつあるが、現時点で全てがそうなっているとまでは言えない。名詞のアクセントはどの位置に来る可能性もあり、後ろに助詞が続いてもアクセント核が来ない平板型もあるので、音節数＋1パターンがある。動詞は平板型と起伏型があるが、マス系のアクセントは全て「～ま￣す」「～ま￣した」「～ませ￣ん」「～ませ￣んでした」となる。

(23) 「降り出す」は「降り始める」と近い意味を持つもので「出る」という動詞の実質的な意味を表すというより開始のアスペクト的意味を持つものである。1「隠し持つ」は「隠す」と「持つ」、3「切り倒す」は「切る」と「倒す」、4「混ぜ合わせる」は「混ぜる」と「合わせる」のように動詞の本来の意味を残している。

(24) 類義語を分析するためには、一方の語は使用できるが、他方の語は使用できないという文脈(対照的文脈)を想定するとよい。1は「気持ち」と「気分」の両方が使用できることから、何が両者を使い分ける要素か判断しにくい。2、3は「気持ち」、4は「気分」のみが使用できる文である。

(25) 2は漢語の特徴である。1は擬音語・擬態語を除き、語頭にラ行音が来ることはない。また、3については、例えば和語の「あがる」が、漢語の場合、文脈によって「上昇する」「進学する」「上陸する」のように使い分けられることから、和語のほうが一語の表す意味範囲が広いといえる。そのため、異なり語数は少なくなる傾向があるが、各語が高頻度で使用されるので、延べ語数としては多くなる。

問題 6

問1＝1　問2＝3　問3＝2　問4＝4　問5＝4

日本国内における外国人材の受け入れ政策とその影響について整理しておくことは、就労、留学生や生活者としての外国人に対する日本語教育、また、その子どもに対する日本語教育に関わる上で重要である。特に在留資格「特定技能」の対象分野が広がり続けていることや、技能実習制度が廃止され、新たな制度が設計されていることなど、大きな動向をしっかりと押さえておきたい。

問1　1950年代から受け入れが始まったのは、技術研修生である。1982年に外国人研修制度が開始され、1993年に**技能実習制度**が創設された。外国人看護師、外国人介護福祉士候補者の受け入れは2008年に**経済連携協定（EPA）**を契機に始まった。外国人看護師、外国人介護福祉士候補者とは、研修責任者の監督の下で日本の看護師・介護福祉士資格を取得することを目的とした研修を受けながら就労する外国人で、受け入れ対象国はインドネシア、フィリピン、ベトナムである。高度外国人材とは、外国の高度な技術や能力を持つ人々のことで、世界で人材獲得競争が激しいが、日本でも高度人材の受け入れを促進するために、外国人材の属性をポイント化し、優遇措置につなげる「高度人材ポイント制」という制度を2012年より始めている。

問2　本来技能実習制度の目的は、労働力の不足を補うことではないが、技能の習得が建前となり、実質的には単純労働に従事させられるケースが多く、問題となっていた。「技能実習1号」から「技能実習2号」への移行は自動的に行われるものではなく、2号へ移行できる職種が限られている。また、1号が終了する前に技能検定試験（実技・学科）に合格する必要がある。2号の実習終了後、さらに4～5年目の実習として3号に進むことも可能だが、これも技能検定試験への合格が必要とされる。2023年の出入国管理庁の統計によると、2022年における「技能実習1号」の在留資格による新規入国者数は16万7457人であり、新型コロナ感染症の流行による入国制限により減少した前年と比べ14万5340人増加している。一方、同じく2022年の「特定技能1号」の在留資格による新規入国者数は、2万418人であった。技能実習生に対する日本語教育は、日本語教育人材の活動分野「就労」に相当する。地域日本語教育コーディネーターが全てのカリキュラム作成などを行っているわけではなく、「就労」のための日本語教育を担うさまざまな教育機関が行っているが、地域の日本語教育の総合的な支援を行う地域日本語教育コーディネーターとの連携も今後ますます求められるだろう。

問3　日本政府は2024年3月に技能実習に代わる新制度である「**育成就労制度**」を新設する法案などを閣議決定した。法案は6月に成立し、2027年までに施行される。この新制度は、人材確保と人材育成を目的としており、技能実習制度と特定技能の制度を合わせたような制度になる見込みである。今後の動向に注目していきたい。

問4　「**特定技能**」は2019年に新たにできた制度であり、「特定技能1号」と「特定技能2号」があり、2号のほうが熟練した技能が求められる。「特定技能」の在留資格で働く外国人は新規入国者よりも、技能実習などの資格をすでに持ち、日本にいる外国人が多い。「特定技能」で働くためには一定の日本語能力が必要だとされており、国際交流基金日本語基礎テスト（JFT-Basic）のA2以上か日本語能力試験（JLPT）のN4以上に合格していなければならないが、技能実習生から特定技能へ移行する場合や、既に同じ分野で特定技能として就労していて同じ分野で

転職する場合には日本語試験の受験は必要ないとされている。2024年4月に日本語教育機関認定法が施行されたが、認定日本語教育機関に特定技能の在留資格で働く外国人のための日本語講習クラスを作ることが義務付けられているということはない。

問5 「特定技能」制度が開始され、5年が経過した。政府は2019年の制度開始の際に、5年間で最大34万人5000人の受け入れを見込んだが、新型コロナウイルス感染症の流行の影響などもあり、その後徐々に増えたものの2023年末の段階で約21万人と当初想定の6割にとどまっている。各産業分野での人材不足は今後さらに深刻化することが予想され、日本政府は2024年3月に、自動車運送など4分野にも対象を広げ、今後5年間で特定技能での受け入れを82万人と倍増させる拡大方針を閣議決定した。

問題 7

問1＝2　問2＝1　問3＝1　問4＝1　問5＝2

問1 「日本語教育の適正かつ確実な実施を図るための日本語教育機関の認定等に関する法律」は2024年4月1日に施行された。文部科学省により、「日本語教育機関認定法ポータル」という情報掲載のウェブサイトも同日に開設されたので、最新情報を確認することをおすすめしたい。

問2 正解は、「**日本語教育機関認定法**」である。「登録日本語教員認定法」や「日本語教育機関適正法」と略される法律はない。「**日本語教育推進法**」は「日本語教育の推進に関する法律」のことである。この法律は、2019年6月に成立した。

問3 一つの教育機関で「留学」・「就労」・「生活」という日本語学習の目的に応じた三つのコースを開設することは求められていない。これまでの日本語学校が認定を受ける場合、その多くは「留学」の課程で認定日本語教育機関としての申請をすることとなる。

問4 **登録日本語教員**は、認定日本語教育機関で日本語教育に従事する際に必須となる資格である。登録日本語教員の資格取得に当たり、年齢、国籍、母語は要件に入っていない。海外の日本語教育機関で教えるに当たっては、現時点では特に登録日本語教員である必要はないが、個々の海外の日本語教育機関が決めることであるため、今後どのようになるかは不明である。なお、登録日本語教員を養成する機関は、法務省ではなく、文部科学省の審議会において審査を受け認定を受けなければならない。登録日本語教員の更新や研修については現時点では特に定められていないが、2018年（2019年に改訂版）に文化庁が公表した「日本語教育人材の養成・研修の在り方について（報告）」に基づき、既に実施されている初任研修、中堅研修などの研修を受けて日本語教員としてその能力、資質を高めていく努力が求められるだろう。

問5 「日本語の教授に関する知識・能力」といった区分ごとに単位数・時間数を明示し、大学学部の養成における主専攻（45単位）・副専攻（26単位）といった区分を設けたのは、昭和60（1985）年に文部省の日本語教育施策の推進に関する調査研究会から出された報告「日本語教員の養

成等について」である。そこでは、日本語教員養成のための「標準的な教育内容」が提示され、「日本語の構造に関する体系的、具体的な知識」、「日本人の言語生活等に関する知識・能力」、「日本事情」、「言語学的知識・能力」、「日本語の教授に関する知識・能力」といった区分ごとに単位数・時間数も明示された。

問題 8

問1 = 4　**問2** = 1　**問3** = 1　**問4** = 3

問1　**コミュニケーション能力**というと、カナルとスウェインが分類した四つの能力を含む概念を指すことが多いが、ハイムズも外国語教育に必要なコミュニケーション能力を提唱し、伝達能力という概念を導いた。言語の社会的機能に注目し、ことばの民族誌の方法を確立したハイムズと、変異理論を打ち立てたラボフは、ともに1970年代に社会言語学の礎を築いたアメリカの言語学者として知られる。世界の文化を高コンテキスト文化と低コンテキスト文化に分けて論じたのが、文化人類学者のホールである。

問2　人々が社会生活を営むためには、協調することが必要であり、そのためには、ある種の基準を相互に持っていなければならない。グライスはこの基準を**協調の原理**と呼び、四つの格率を提唱した。必要な情報を与え、それ以上には与えない量の格率、真実を話し、証拠のないことは言わない質の格率、関係のないことは言わない関連性の格率、あいまいで分かりにくい表現を使わず簡潔に話す様態の格率である。協調の原理は、会話の公理や協調の公理と呼ばれることがあり、四つの格率を日本語で解説した諸所の記述にも、表現に多少の違いが見られる。

問3　いずれの表現であっても、人々が会話するときには協調の原理に当てはまる話し方をするものと考え、原理に違反する話し方があった場合には、ことばには表れない何らかの意味が含まれていると解釈する。グライスはこの意味を「会話の含意」と呼んだ。文脈を考慮に入れながら会話の含意を推論し、それによって相手の発話の意図を理解すると考えるのである。
命題は、文の中で述べようとする事柄、内容のことである。コノテーションとは、ある語について、辞書的記述とは別に、人々が感覚的に共有するイメージを指す。ムーブは、会話の中で、ある発話によって引き起こされる反応や行為をひとまとまりに捉える単位であり、会話における発話の順番(ターン)とは別の概念である。

問4　聞き手があえて協調の原理に違反していることから、夕食に対して何か希望があることはわかる。その場合の、含意の解釈に関する問題である。「おなかいっぱいなんだよね」と説明していることから、夕食は負担の少ない、軽いものがいいという意図を推論するのはごく自然な判断である。「おなかいっぱい」という文脈から、話し手が夕食を作るべきだという主張や、ギョーザが食べたいこと、話したいことがあるとまで察することは困難である。このように、聞き手の意図を推論することは普段の会話で日常的に行われるが、異文化理解という点から考えると、その解釈が常に世界共通に理解されるわけではない点にも注意するべきだろう。

問題 9

問1＝1　**問2**＝1　**問3**＝1

問1　非言語行動というと動的なイメージがあるが、コミュニケーションを取る相手に対して、自分の体をどのように向けるかという姿勢も、非言語行動の一種である。一方、声の大きさや速さは、言語そのものではなく、言語に付随した周辺的要素であり、これをパラ言語（副言語）と呼んで非言語行動と区別する。パラ言語は、話し言葉だけでなく書き言葉にも存在する。例えば、文字を書く場合の文具の選択（ペン・鉛筆・万年筆など）や、紙の選択、手段・方法（手紙かメールかなど）などである。スティグマは、社会的な劣等感を指し、ある人のもつ属性が、所属する社会からは否定的な評価を与えられたり差別されたりして、負のアイデンティティを持つことをいう。

問2　エクマンとフリーセンによるジェスチャーの分類では、2と4はアダプターと呼ばれ、ある状況に関連して、自分の心理状態を調整するために行われる適応動作である。アダプターにはメッセージの意味はない。3はレギュレーターと呼ばれる動作で、会話を継続したり中断したりする調整の役割を持つ。

問3　個人のさまざまな感情を表す表現を、エクマンとフリーセンはアフェクト・ディスプレーと呼んで分類した。1のように、集中が深まるにつれて、無意識に眉間にしわが寄ることはよくあるが、これは無意識に起こるものであって、喜怒哀楽の感情を示すものではない。2「眉をひそめる」は心配な気持ちや困惑した気持ちを、4「顔をそむける」は目の前の出来事を正視できないという苦しい気持ちや、受け入れないという不快な気持ちを表しており、どちらもアフェクト・ディスプレーに該当する。

問題 10

問1＝2　**問2**＝3　**問3**＝1　**問4**＝2　**問5**＝2

問1　第二言語を使い、学習する環境について、教室環境（instructed contexts）と自然環境（naturalistic contexts）の大きな違いは、最も重視するのが意味伝達か、そうでないかという点にある。自然環境の場合、意味を伝達し、コミュニケーションの目的を達成することが重視されるため、仮に日本語の誤りがあっても、意味伝達に影響しない限り訂正されないことが多い。また、意味伝達をスムーズに行うために、ジェスチャーを使ったり、実物や写真を見せたり、中国語話者の場合漢字を使ったりなど、さまざまなコミュニケーションストラテジーが用いられる。学習者が受けるインプットは学習者用に調整されたものではないため、「〜ちゃった」「〜てる」など話し言葉特有の表現や、方言が使われることもある。一方教室環境では、教師は自らの発話の語彙やスピードをコントロールしたり、学習者のレベルに合った教材を提供したりするが、これは裏を返せば、インプットの量と質が限られていることになる。クラッシェンは理解可能なインプットが習得を促進するとしており、教室環境において教師

がインプットをコントロールすることは必要であるが、そのことの限界を認識し、学習者自身が自律的にインプットを増やすことを支援する必要もある。

問2　第二言語の教室において教師は、学習者が理解できるように語彙やスピードをコントロールしたり、明瞭な発音で話したりするが、これを**ティーチャー・トーク**という。ティーチャー・トークは、学習者が理解できるよう、学習者がすでに知っている語彙だけで話すことが必要である。簡潔に話し、学習者が理解できればよいので、必ずしも詳しく説明する必要はない。ただし、ティーチャー・トークはどんな学習者に対しても同じように使うものではなく、学習者の日本語レベルや、その時の理解状況によって適切にコントロールするものであるため、選択肢2のように何％ゆっくり話す、など決めることはできない。選択肢4について、第二言語の能力が低いからといって、子ども扱いするべきではない。

問3　正解は選択肢1。クラッシェンは**モニターモデル**の中で、無意識に学ばれる「習得」と、意識的に学ばれる「学習」を区別し、「学習」は「習得」の役に立たないとした（習得・学習仮説）。このような考え方を、**ノン・インターフェイスの立場**と呼ぶが、逆に、意識的に学んだことは言語の習得に役に立つとする**インターフェイスの立場**もある。現在では、どちらか一方の立場ではなく、学習した知識は、学習者自身が言語を使用する際にその正しさをモニターしたり、インプットを理解したりインプットからルールに気づいたりする際に役に立つ、とする考える研究者が多い。**気づき仮説**とは、習得において、インプットの内容を理解するだけでなく、その中から言語の形式に注意が払われる必要があるという仮説。**自然順序仮説**とは、第二言語を習得する際には自然な順序があり、それは誰にでも共通している、とする仮説で、この仮説に基づけば、教室で教えられた知識が自然な順序にのっとっていない場合、習得に結び付かない、とされる。ただし、教室ではその順序で教えるべき、というわけではない。

問4　ベリーは、個人や集団が新しい文化に接したときの態度を、自文化と新しい文化双方への態度から、「統合」「同化」「分離」「周辺化」の四つに分類した。「統合」とは、自文化を保ちつつ新しい文化も受け入れる状態。「同化」は自文化を否定し新しい文化のみを受け入れること、「分離」は逆に自文化のみを肯定し新しい文化を否定することで、来日時のＡさんは「分離」状態にある。「周辺化」は自文化も新しい文化も否定する状態。

問5　四つの選択肢は、カナルとスウェインが提唱したコミュニケーション能力の構成要素で、正解は選択肢2の**社会言語能力**。選択肢1の**言語能力**は、語彙や文法、意味など、一般的に「言語学習」という言葉からイメージされる能力である。選択肢2の社会言語能力とは、その社会において適切とされる言語使用に関する能力で、話している相手との関係から適切な言葉遣い（スピーチスタイル）を選ぶなどである。選択肢3の**談話能力**とは、単語をつないで文を作り、さらにその文を適切につないでまとまりのある談話を構成する能力。選択肢4の**方略的能力**とは、ここまでの三つの能力が不足している際にそれを補うための能力。

問1 = 4　問2 = 2　問3 = 2　問4 = 3

問1　正解は選択肢4。どのような文法項目がどのような順番で習得されるかを習得順序(例:格助詞がどのような順番で習得されるか)、ある一つの文法項目がどのように習得されていくかを発達段階(例:形容詞の否定形はどのような段階を経て正用に近づいていくか)と呼ぶ。第一言語習得においても第二言語習得においても、ある程度誰にでも共通する習得順序・発達段階があるとされている。第二言語習得の場合、教室指導や母語の影響を受けるため、個人差も大きいが、学習者には習熟度に応じてそのときに習得できる文法項目がある(**習得可能仮説／教授可能仮説**)。そのため、教室で教えたことでもすぐに間違えずに使えるようになる文法項目もあれば、正確に使えるようになるまで時間がかかる項目もある。選択肢1と3は第一言語習得の特徴。第一言語の場合、成人であれば一定程度の文法能力は身に付けているが、語彙や漢字の知識にはばらつきが見られる。選択肢2は第二言語習得の特徴。

問2　新しい言語を学習する際、母語やそれまでに身に付けてきた他の言語から影響を受けることを言語転移という。言語転移には、マイナスの影響である**負の転移**だけでなく、中国語母語話者が漢字の知識を利用するなど、プラスの影響である**正の転移**もある。また、母語とそれ以外の第二言語は全く別々に発達するのではなく、共通する部分もあるとする説もある(**2言語基底共有仮説**)。さらに、特に認知的に発達している成人学習者の場合、それまでの学習経験を生かすことで、効果的・効率的に新しい言語を学ぶこともできる。そのため、目標言語にこだわらず、さまざまなリソースを使って言語学習を進めることが大切である。選択肢3は対照分析の考え方で、母語からの影響は予測できる点もあるが、母語に関わらず起こる発達上の誤用もある。選択肢4について、転移は音声・文法・語彙だけでなく、ある文法項目の適切な使い方においても起こる(**語用論的転移**)。例えば英語を母語とする学習者が、教師や目上の人に対して「これ、食べたいですか」と聞くなどである。

問3　どのように学習を進めるのがいいと考えているか、その信念のことを「**ビリーフ**」という。学習者だけでなく教師も持っており、教師のビリーフはどのように授業を進めるかといった自身の教え方に影響を及ぼす。そのため、教師自身も、自分のビリーフに自覚的であることが求められる。学習者と教師、学習者間のビリーフのずれが大きい場合、学習意欲の低下を招くなどの影響を及ぼす可能性がある。ストラテジーは、学習を効率的・効果的に進めるための方法。スキーマは人間が経験を通して身に付ける総合的な知識のこと。エポケーは、他者の話を聞いたり何かを読んだりする際、すぐに判断、評価をしない態度のこと。

問4　正解は選択肢3。何かの目的に向かって行動を起こそうとする動機づけは、自分の内面から出てくるか(**内発的動機づけ**)、外から与えられたものか(**外発的動機づけ**)という二つに分けることができる。内発的動機づけは、課題の難易度や評価の与えられ方など、周囲の環境によって低下することも、上昇することもある。なお、内発的動機づけと外発的動機づけは2項対立ではなく、二つを同時に持つこともある。また、外発的動機づけも、「人から言われ

て仕方なく」という、自己の意思がほとんどない場合から、「日本に留学するために必要」というように自己決定性が高い場合まで段階があるため、必ずしも悪いものではない。選択肢1は**道具的動機づけ**。道具的動機づけと**統合的動機づけ**は、言語を学ぶその人の状況や環境にも左右されるため、どちらがいい・悪いということではなく、習得の促進にも差はない。

問題12

問1＝3　問2＝2　問3＝1　問4＝2

問1　正解は選択肢3。語彙知識には、その語を見たり聞いたりして意味が理解できる**理解語彙**と、自分で使うことができる**産出語彙**（使用語彙）に分けることができる。理解語彙は産出語彙よりも量が多く、母語話者であっても、理解語彙の全てを適切に産出できるわけではない。また、語彙は人によって必要な分野が異なるため、語彙学習においては理解できればよいのか、適切に使用できる必要があるのか、その学習者のニーズによって見極める必要がある。

問2　語彙知識には広さと深さという考え方がある。広さとは、基本義が分かる語がどのくらいあるかということで、深さとは、その語に関連するさまざまな知識をどの程度知っているかを指す。選択肢2は、単語の基本的な意味が理解できているかを見る問題であり、広さに関係している。選択肢1のような対義語、選択肢3のようなコロケーション、選択肢4のような慣用句に関する知識は、全て語彙の深さに関係している。

問3　正解は選択肢1。読解や聴解の前に、そのトピックに関連する内容で、すでに知っていることを整理し、関連付けることで、その後の理解を促進することができる。リハーサルとは記憶に関連する語で、短期記憶から長期記憶に送るために行われる脳内の活動。ディクトグロスとは、音声を聞いてメモを取り、その後、ペアやグループで協力して文法的に正確な文を再生する活動で、仲間と協力して学ぶピア・ラーニングの一つである。

問4　**言語学習ストラテジー**にはさまざまな分類があるが、オックスフォードによる分類が最もよく知られている。その分類は、（1）認知ストラテジー（例文から文法規則を考える、繰り返し練習するなど）、（2）記憶ストラテジー（選択肢1）、（3）補償ストラテジー（選択肢3）、（4）メタ認知ストラテジー（選択肢2）、（5）情意ストラテジー（選択肢4）、（6）社会的ストラテジー（日本語の練習をするために日本人の友達をつくるなど）があり、（1）～（3）を直接ストラテジー、（4）～（6）を間接ストラテジーと呼ぶ。一つ一つのストラテジーに優劣はないが、いろいろなストラテジーを使いながら自分に合った方法を探すことで、自律的に学ぶことができるようになる。

問題13

問1＝4　問2＝1　問3＝2

問1 **ビジターセッション**は、クラス外からゲストを招き、インタビューなどを行う活動である。特にテーマが決まっている場合は、テーマに関係あるゲストを招くことが好ましいので、この場合、「若者の仕事観」というテーマと今回のビジターセッションの目的である「就職活動」のテーマと関連の薄い4は不適当である。

問2 ビジターセッションでは、学習者にとっては、内容に注目しながら、真正性の高い日本語と接し、「話す・聞く」技能を学ぶことができる。それのみならず、ゲストを通して、社会との接点、生きた日本語と接するよい機会でもある。そのため、あえて学習者の困難を排除するような活動は行わない。ゲストにとっても、日本語を学ぶ人々の存在や彼らとのコミュニケーションの方策、また、普段自分が当たり前に思っていることが、客観的にどのように捉えられるかを学ぶ機会である。そのため、選択肢1のような準備を行うことで、その機会を失わせるようなことは不適当である。ただ、教師としては、あらかじめ語彙を導入しておく（2）、学習ストラテジー（3）やコミュニケーションストラテジー（4）を授けておくなど、学習者に対して方略を指導しておくことは有用である。また、ファシリテーターとして、活動に困難が生じている様子が見られる場合に、支援を行うことが必要である。

問3 プロジェクトワークとは、学習者が個人やグループとして主体的にプロジェクトを行うことで、言語および技能を取得することを目的とした教室活動である。4技能を統合的に活用することから、総合的な日本語力の向上が見込まれる。従って、総合的な技能を伸ばせる2が最も適当である。プロジェクトワークでは、社会的なテーマなど、教室を超えた学生が興味を持つ内容がテーマとして設定されることが望ましい。

問題14

問1＝4　問2＝2　問3＝2

問1 「**タスク中心の指導法**」とは、TBLT（Task based language learning）とも呼ばれ、言語は何かしらの課題を達成するため使用されるべきだという考え方に基づいた言語指導法である。

問2 プレタスクの活動としては、さまざまな可能性が考えられるが、課題の達成を目指すという側面から考えると、個人で語彙問題を解き、答え合わせを行うという選択肢2の活動はふさわしくない。

問3 「タスク中心の指導法」では、文法説明は課題の内容に注意を向けた後、必要に応じて行われるべきだという、いわゆるフォーカス・オン・フォームに分類される指導法である。つまり、言語形式の説明に先んじて、課題の遂行が優先され、言語形式については、メインタスクの終了後に説明がなされることが多い。従って、選択肢2が正答となる。

問題 15

問1 = 3　**問2** = 4　**問3** = 2　**問4** = 2

問1　CEFRを参照にして作られた枠組みでは、Can doを基に分けられたレベルによって授業が設計されるため、レベル別のクラス編成で授業が行われることが多い。

問2　1は産出活動そのもの、2はテキストに関する言語活動、3は相互行為活動（やり取り）におけるコミュニケーション方略である。3の行為を「ターン・テイキング」ともいう。

問3　**ポートフォリオ**とは、学習者が自分の学習過程や学習成果を振り返るための資料を保管するツールのことであり、JFスタンダードではポートフォリオを「評価表」「言語的・文化的体験の記録」「学習の成果」の三つに分けている。このうち、「学習の成果」は成果物といわれるもので、学習者が書いた作文や発表原稿、スライドなどがそれに当たる。自己評価チェックリストや学習活動の評価シートは「評価表」、振り返りシートは「言語的・文化的体験の記録」に含まれる。

問4　eラーニングは非同期型オンライン学習や学習管理システムのことであるため、教師がリアルタイムで学習状況の進捗を把握するのは難しい。

問題 16

問1 = 3　**問2** = 2　**問3** = 3　**問4** = 4　**問5** = 2

問1　Dは事実描写（Description）、Iは解釈（Interpretation）、Eは評価判断（Evaluation）で、この三つの観点で異文化接触によって生じたトラブルを分析する。1のカルチャーアシミレーターもDIE法と同様に異文化理解教育で用いる方法の一つである。2のアクティブ・リスニングは傾聴すること、4のZPDは「最近接発達領域（the zone of proximal development）で、一人では達成できないが援助や協力を得ることで達成可能になる領域のことをいう。

問2　SARTRASとは、一般社団法人授業目的公衆送信補償金等管理協会のこと。正解は選択肢2である。著作物の全てを視聴するのは望ましくないとされている。また、YouTubeの規約では、ダウンロード、配信、放送などが禁止されている。1のようなストリーミング配信はデータを受信しながら同時に随時再生され、ダウンロードできないので問題ない。CCライセンスとは、クリエイティブ・コモンズ・ライセンスのことで、著作者の意思表示をするツールである。「表示」は作品のクレジットを表示すること、「非営利」は営利目的での利用をしないことなので、原作者のクレジット表示、非営利目的での使用という条件下で改変できる。URLは著作物に当たらないので、4のように共有しても問題ない。

問3　1のSlidoは同期型の活動で参加者と双方向でQ&Aやアンケートが行えるクラウドサービス、

2のKahoot!は多肢選択問題を用いた学習ゲームのプラットフォームである。4のQuizlet
は暗記するための学習ツールで、Quizlet liveを用いると教室内で学習ゲームを活用できる。

問4 パフォーマンス・テストは言語運用能力を測るテストなので、会話力やプレゼンテーション
能力のような話す力などを評価する際には適しているが、今回のような授業には適さない。
今回の授業の場合は事前課題のタスクシートやリフレクションシートを集めたり、自己評価
表を活用したりしてポートフォリオ評価を実施したほうが望ましい。

問5 この授業のような協同学習の場合、教師は2のファシリテーターの役割を担うことが多い。
1のメンターは日本語で「助言者」と言われ、経験者の立場から学習者に指導や助言を行い、
学習者の自律的な行動を促したり精神的なサポートをしたりする存在である。3のジェネレー
ターは学習者とともに創造的活動を行うメンバーの一人として参加することで学習者がそ
の実践を通して学びを得る存在のことで、4のキュレーターは日本語で「学芸員」と言われる
職種の人を指す。類似した言葉の「キュレーション」は「インターネット上の情報を独自の基
準で収集・選別・編集し、適切な形に整えること」をいう。

問題 17

問1 = 3　**問2** = 4　**問3** = 1　**問4** = 1

問1 形容詞は二つに分類され、日本語教育では「イ形容詞」「ナ形容詞」と呼ばれ、学校文法では「形
容詞」「形容動詞」と呼ばれる。3が正しい記述である。どちらも述語として「です」の形式を
取るが、「その花はきれいだ」「その花は美しい」のように文末形式の「です」は形容詞が述語
となる場合に「必ず」現れるものではないので2は間違い。動詞も「ます」を伴い述語となるが、
同様に「ゆっくり歩く」のように「ます」は「必ず」現れるものではないので、1も正しくない。
「語幹」(変化しない部分)が子音で終わるものを子音動詞、語幹が母音で終わる動詞を母音動
詞と分類する。

問2 ナ形容詞の活用には「-だ」「-である」「-です」の系列があり、それぞれのタ形として「-だった」
「-であった」「-でした」があるため4が正解である。イ形容詞「寒い」のタ形は語幹である「さ
む」に「-かった」を伴う「寒かった」である。3の「基本形＋かった」では「寒いかった」となる
ため正しくない。動詞のタ形は連用形にタが接続したものでそこに音便という現象が現れて
いる。2では「終止形」とあるので間違いである。また「ここにあった！」のように「発見のムー
ド」の役割も持っており、必ずしも過去の出来事だけを表すのではないため1も正しくない。

問3 **ヴォイス**とまとめられる現象の定義として1が正しい。例えば「先生〈が〉私〈を〉褒めた」の
動詞の語幹「褒め」に「られ」が付いて形式が変化することで「私〈が(は)〉先生〈に〉褒められた」
のように格関係が変化することを表している。ヴォイスには使役表現や可能表現が含まれる。
2は**テンス**(時制)、3は**モダリティ**(ムード)、4は**アスペクト**(相)である。

問4　格助詞は、述語の意味を表すために必ず必要な必須格とそれ以外に分けられる。1の述語「結婚する」のガ格とト格は必須格であるため正解は1である。下線部の「補足的な情報」とは場所や時間などのことを指す。2「駅で」3「グラウンドを」4「庭に」は全て場所を表す。ヲ格は必須格（対格）としての働きに加えて、このように「場所」を表す機能を持つことに注意が必要である。

　　　　　問題18

問1＝2　問2＝2　問3＝3　問4＝4　問5＝1

問1　終助詞の代表として「ね」と「よ」があり、この二つは続けて現れるが「行くねよ。」とは言わず「ね→よ」の順序では現れないという制約があるため2の記述は正しくない。終助詞は「行くね」「寒いよ」「きれいだね」のように動詞や形容詞の基本形に直接付くが、「行くだろうね。」「来るらしいよ。」のように助動詞の後にも現れるため1は正しい。3と4も正しい記述である。

問2　ある従属節の主節への従属度が低い場合、単文の文法とほとんど同じようにいろいろな表現が現れ得る。つまり主節からの独立度が高い節には制約がほとんどないと言い換えることができる。例えば「〜から」や「〜けれど」などで導かれるものが従属度の低い節であり、4は間違い。例えば「6月は雨が多いですから、気分が沈みます」のように、主節への従属度が低い「から」で導かれる節には、提題の「は」や丁寧表現の「です」「ます」が現れるため1の記述は正しくない。一方「〜ながら」の節は従属度が高いもので3も間違いである。また、「花子は音楽を聴き〈*ます〉ながら、勉強をしました。」のように、従属度が高い「〜ながら」の節には丁寧表現は現れない（主節の丁寧表現が従属節に及ぶ）ため、2は正しい記述である。

問3　「補足節」とは述語を補う働きを持つもので「名詞句相当表現＋格助詞」で表される。1は「見た」に対して「犬が猛スピードで走っていくのを」が、2は「苦手だ」に対して「初めて会った人と話すことが」が、4は「祈った」に対して「心の傷が早く癒えることを」が補足節となっている。3の例は「信じられないくらい」は「うれしい」を修飾しており、副詞節と分析すべきもので、この例は補足節ではない。

問4　「**内の関係**」と呼ばれる連体節は、被修飾名詞が修飾節の述語と関係する格関係を持つもので、「**外の関係**」とは被修飾名詞が修飾節の中の述語と格関係を持たないものである。1は「花子がその日に東京に行った」、2は「太郎が東京でその人に会った」、3は「太郎がその本を妹に送った」のように全て被修飾名詞が修飾節の中に格を伴って現れることができるのに対し、4の被修飾名詞「写真」は修飾節の動詞「笑う」と格関係はなく、4は外の関係と言える。

問5　修飾表現によって被修飾名詞が指す対象が限定される例は1である。1の被修飾名詞は「友達」で「昨日帰り道で会った」という修飾表現によりどの友達かが限定される。それ以外の例は「非限定的用法」で、被修飾名詞である2「私」3「鈴木氏」4「田中選手」はそもそも対象を指示する名詞であり、修飾表現はそれぞれに関する情報を与える役割を持つ。

問題 19

問1＝1　問2＝2　問3＝4　問4＝2　問5＝1

問2　「コロ」を例に考えてみると、撥音（はつおん）を伴う「コロン」は軽いものがゆっくりと転がる様子を表すのに対し、促音を伴う「コロッ」は瞬間的、一回的な動きを表す。また濁音がついた「ゴロ」になると重く鈍い感じを生む。鼻音で表されるオノマトペは柔らかい印象を与える。

問3　「と」が付いた「ビリビリと」は「障子をビリビリと破った」のように破る様子を修飾する様態副詞となる。一方「に」が付いた「ビリビリに」は「障子がビリビリに破れている」のように、結果の副詞として働く。アクセントも「ビ￢リビリと」（頭高型）、「ビリビリに」（平板型）と異なるので注意が必要である。

問4　「ウロウロ」から「ウロつく」、「キラキラ」から「きらめく」など接尾辞を伴って派生語となったり、「しとしと雨」「ザーザー降り」のように複合語の構成要素となったりすることは可能なので2が誤り。歴史的には奈良時代以降、反復型が最もよく使用されているが、「そよ」「ひし」という語根のみのものも使われている。アクセントは、「だ」を伴い名詞述語として使用される場合は「ぴかぴかだ」（平板型）、「する」を伴って動詞述語として使用される場合は「ぴ￢かぴかする」（頭高型）のように異なる。また、「さらさら」「かさかさ」「ごわごわ」「ぬるぬる」など触覚を表すオノマトペは多いが、味覚を表すオノマトペ（「こってり」「ピリッ」）や嗅覚を表すオノマトペ（「ぷんぷん」「つん」）は少ない。

問5　年を表す場合、元号は日本特有のものであり、西暦で表すほうが非日本語母語話者にとってはわかりやすい。一方、ローマ字、敬語（尊敬語・謙譲語）、動詞連用形由来の名詞（揺れる→揺れ、動く→動き）などは非日本語母語話者にとってはわかりにくいため、避けたほうがよいとされている。

問題 20

問1＝4　問2＝1　問3＝3　問4＝1

問1　「化学」を「ばけがく」と言ったり、「私立」を「わたくしりつ」と言ったりするのは、音声言語において区別の難しい同音異義語を区別するために主に訓読みを使用して違いを明確にするための手段であり、発音と表記がずれているわけではない。

問2　漢字は、1字1字が意味を持つ表意文字（または1字1字が語を表す表語文字）である。従って、その文字が持つ意味が強く表れる。しかし実際の文脈においては比喩的に使われている場合など、その表意性が出ないようにすることも求められる。例えば「村」は一般的には、山村や漁村など自然に囲まれた集落を指し、文字からもそのような意味が読み取れるが、「ムラ社会」の「ムラ」は比喩的な用法であり、集落を意味しない。そのため、漢字ではなくあえて片仮名

を使用し、漢字の持つ表意性を除去するのである。3の「分かち書きを行わないこと」、4の「片仮名と漢字で似た形式の字があること」も日本語の表記の特徴ではあるが、「アメとムチ」「ムラ社会」などを片仮名で書く理由ではない。

問3　日本語の表記上のルールである濁点は、[sa]（さ）→[za]（ざ）、[ta]（た）→[da]（だ）のように無声音を有声音に変化させるときに付加するものである。3にある通り、母音はもともと有声音であるため、有声化した音であることを示す濁点をさらに付加することはできない。

問4　副言語（パラ言語）とは、音声言語であれば声の高低や大小、声質、話すスピード、間の取り方など言語情報を伝える際に同時に伝えられる情報で、話し手の感情や態度を伝えるコミュニケーション上、重要な機能を持つものである。ジェスチャーなどの非言語情報と同様、文字によって伝達されるものではないため、絵文字や顔文字によってその表す意味を伝達している。メタ言語とは、言語を用いて言語そのものについての情報を伝えることで、「「られる」は受け身を表す助動詞である」といった表現がメタ言語である。また、「共感覚」とは「柔らかい色」といった比喩に見られるように異なる感覚（ここでは「触覚」と「視覚」）の間で並行性が見られることをいう。

第2章｜解答・解説 基礎試験 演習問題

問題 1

⇨解答・解説は P.146

次の文章を読み、下の問い（問1〜5）に答えよ。

　1989年から90年にかけての a 出入国管理および難民認定法の改正・施行以来、定住する外国人の数が増え、在留外国人の数が増加してきた。特に「外国人集住都市」と呼ばれる外国人住民の割合が高い都市では、地域の行政や国際交流協会が中心となり、情報交換や政策提言を行う場として、2001年に b 第1回外国人集住都市会議が開催された。これを皮切りに、定期的な会議が行われるようになり、在留外国人支援の必要性が社会に強く発信されるようになった。

　こうした中、各地域において外国人住民の声やニーズを聞く調査などを踏まえて実施されてきたのが地域の日本語教育である。外国人住民にとって日本語を学ぶことは日本社会で一人の市民として自立し、社会参画しながら活動する上で欠かせないものであり、日本語教育は地域コミュニティーにおける外国人住民の社会統合を促進する重要な役割を果たすものと位置づけられるが、長い間、在留外国人に対する日本語教育は法的に保障されていなかった。また、現状ではこの日本語教育の実質的な担い手の多くをボランティアに依存している状態である。ボランティアによる学習支援活動は重要である一方で、c さまざまな課題も指摘されている。

　地域の日本語教育にとって大きな前進となったのが2019年6月に公布、施行された「日本語教育の推進に関する法律」である。これに基づき、20年6月には、「日本語教育の推進に関する施策を総合的かつ効果的に推進するための基本的な方針」が定められた。こうした背景の下、全ての在留外国人が地域日本語教育の対象となり、社会における公的な支援体系の構築が一層求められるようになっている。「生活者としての外国人」を対象とした日本語教育を公的に保証するために、教育プログラムや教材開発、d 地域日本語教育コーディネーターや教師の育成と配置が重要な鍵となる。

　e 地域日本語教育は、一般的な学校型の日本語教育とは異なる特徴を持つ。学習者が社会生活を送る上で直面する課題を解決するための日本語能力の習得に重点を置くことが求められる。

問1　文章中の下線部a「出入国管理および難民認定法の改正・施行」に関する記述として最も適当なものを、次の1〜4の中から一つ選べ。

1　3世までの日系人は日本で就労することが可能となった。
2　外国人が医療機関において特定活動の在留資格で働くことが可能となった。
3　10年以上在留している外国人は特別永住者の在留資格で無期限に日本にいられることとなった。
4　「研修」と「特定活動」という二つの在留資格が「技能実習」に一本化された。

問2 文章中の下線部b「第1回外国人集住都市会議」が開催された都市を、次の1〜4の中から一つ選べ。

1 群馬県大泉町 　　　　2 群馬県太田市
3 愛知県豊田市 　　　　4 静岡県浜松市

問3 文章中の下線部c「さまざまな課題」として不適当なものを、次の1〜4の中から一つ選べ。

1 日本人参加者が「先生」、学習者が「生徒」のような二項対立性が生じることがある。
2 ボランティアの高齢化や新しい人材が入りにくいという人材育成の課題がある。
3 外国人散在地域などには日本語学習支援者がおらず、地域日本語教育の空白地域が存在している。
4 ボランティアに参加するためには、文部科学省認定の日本語学習支援の資格を得る必要がある。

問4 文章中の下線部d「地域日本語教育コーディネーター」に求められる能力に関する記述として不適当なものを、次の1〜4の中から一つ選べ。

1 「生活者としての外国人」が一定の期間内に日本語レベルがB1レベルに達しているかを評価するシステムを構築することができる。
2 エンパワーメントとしての日本語教育を目指し、地域の行政機関・NPO、コミュニティーなどと連携し、協働して課題の解決を行うことができる。
3 多様な学習ニーズを持つ「生活者としての外国人」に適した日本語教育プログラムの実践に向けた方法を開発することができる。
4 「生活者としての外国人」に対する地域日本語教室の現状および問題の把握と課題の設定を行うことができる。

問5 文章中の下線部e「地域日本語教育」の現場での動向に関する記述として不適当なものを、次の1〜4の中から一つ選べ。

1 文化庁により「生活者としての外国人」が日常生活において日本語で行うことが想定される言語活動を例示した「生活Can do」が開発され、地域日本語教育プログラムの策定に活用されることが想定されている。
2 文化庁が「生活者としての外国人」のための日本語学習サイト「つながるひろがる　にほんごでのくらし」を公開し、地域日本語教室がない地方公共団体に住む外国人学習者が遠隔でも日本語が学習できるよう支援を進めている。
3 多様な言語・文化を背景に持つ人々が対話・協働する場として、学習者の日本語能力向上と多文化共生社会づくりに向かう対話や協働を両立させる活動が模索されている。
4 ボランティアへの依存度の高い地域日本語教育の現状を改善するために、2024年4月施行の日本語教育機関認定法では、ボランティアが運営する地域日本語教室を全て公営の日本語教室にすることを定めた。

問題 2

⇨解答・解説は P.147

中級レベルのクラスにおいて下記のような授業を実施した。資料を読み、下の問い（問1〜4）に答えよ。

〈資料〉 授業の概要

学習者	中級レベルの留学生 12 名	
授業時間	60 分×3 コマ	
到達目標	・自分が関心を持っているテーマについて、日本語母語話者にインタビューをすることができる。 ・インタビューした内容について、わかりやすくまとめて発表することができる。	
授業の流れ	1 コマ目	〈準備〉 ・テーマ決め ・学習者同士でインタビュー練習 ・インタビュー練習のフィードバック（インタビューで使える表現や ₐコミュニケーションストラテジー）
	2 コマ目	〈本番〉 ・ᵦインタビュー実施
	3 コマ目	〈報告〉 ・インタビュー報告会

問1 この授業のように、内容に注意を向ける中で必要に応じて言語形式の導入や練習が行われる指導方法を何と呼ぶか。最も適当なものを、次の1〜4の中から一つ選べ。

    1　フォーカス・オン・フォーム

    2　フォーカス・オン・フォームズ

    3　フォーカス・オン・ミーニング

    4　フォーカス・オン・コンテンツ

問2 下線部aについて、母語話者と話すために必要となるコミュニケーションストラテジーを教えることにした。コミュニケーションストラテジーの指導として不適当なものを、次の1〜4の中から一つ選べ。

    1　言いたいことを表す単語がわからなかったら、英語で言ってみる。

    2　相手の言っていることがわからなかったら、「もう一度言ってくれませんか」など、わからなかったことを明確に伝える。

3 インタビュー相手に失礼なので、わからない言葉があってもスマートフォンで調べては
いけない。
4 中国語母語話者の学習者は、漢字を書いて伝えてもよい。

問3 下線部bのインタビュー中、次のような会話があった。このような会話が学習者の言語習
得を促進するとする仮説を何と呼ぶか。最も適当なものを、次の1〜4の中から一つ選べ。

学習者：Aさんは、今までに韓国に行くことがありますか。
母語話者：はい、ときどき行きますよ。
学習者：あ、今じゃなくて、前です。今まで。
母語話者：ああ、今までですか。
学習者：あ、はいはい、そうです。あー、えーと、韓国、行ったことがありますか。
母語話者：ええ、ありますよ。

1 インプット仮説
2 アウトプット仮説
3 インターアクション仮説
4 フィードバック仮説

問4 日本語母語話者を教室に招く場合、その母語話者が学習者用に調整した日本語ではなく、
若者言葉や方言を使う可能性が考えられる。こうした言語変種についての授業での扱い
方について、最も適当なものを、次の1〜4の中から一つ選べ。

1 若者言葉や方言は学習者が身に付けるべき正しい日本語ではないので、ゲストの母語話
者にもできるだけ共通語で話してもらう。
2 「〜してる」「〜ちゃった」など話し言葉特有の表現をあらかじめ学習者に紹介しておくこ
とは、母語話者の自然な発話を理解するのに有効である。
3 「男言葉」や「女言葉」はジェンダーの観点から問題があるため、授業で扱うべきではない。
4 母語話者を招くことはさまざまな日本語を聞くいい機会であるが、学習者にとっては理
解が難しいことがあるため、頻繁に行うべきではない。

問題3　⇨解答・解説は P.148

大学において実習生が留学生の初級クラスを実施した。次の資料を読み、後の問い（問1～4）に答えよ。

〈資料1〉授業計画
日時：5月10日　1限（60分）
クラス：初級後半　学習者12人（多国籍）
学習項目：自動詞＋ている／　V＋てしまう
学習目標：学習項目について理解し、簡単な文の中で使えるようになる。

所要時間	内容	詳細
5分	出席確認＋ウォーミングアップ	
5分	昨日の復習（自動詞・他動詞）	絵カード（自他ペアで） 絵カード（自他いずれか）
5分	導入	自動詞の絵カードの後、結果が持続している絵を示す。 例：電気がついている／財布が落ちている／窓があいている　など
10分	基礎練習	絵カードを使って、全体練習 ワークシート
10分	応用練習	ペアで→全体で確認
5分	導入（動詞てしまう）	絵で導入：「てしまう」（完了） 絵で導入：「てしまう」（後悔）
10分	基礎練習	絵カードを使って、全体練習 ワークシート
10分	応用練習	ペアで→全体で確認

〈資料2〉教育実習を行った実習生の振り返り

　　昨日勉強したはずの、a自動詞・他動詞が定着している学生としていない学生がいた。新しい文型の意味は理解していたようだが、て形が正しく作れずにいた学生が多かったようだ。基礎練習としてもう少しb機械的な練習を繰り返し、定着してから応用練習に移行すればよかった。

コミュニカティブな練習を意識した応用練習に取り組んだ。「ている」の練習では、「自分が留守の間にパーティーをし、散らかしたままにしているルームメートに電話で文句を言う」という設定で練習をしたが、学習者がそれぞれ面白い設定を考えてくれて、盛り上がった。

〈資料3〉実習者の振り返りに対しての、担当教員からのコメント

応用練習の際、c リキャストを用いながら、誤用を訂正していましたね。学習者の注意を取り込みながら、それでいて会話の流れを止めずにいて、よかったと思います。
「コミュニカティブな練習を意識した応用練習」をしたということで、インフォメーションギャップはあったかもしれませんが、「d 選択権」についてはどう考えていたのでしょうか。

問1 下線部a「自動詞・他動詞」について指導の上で気を付ける点について<u>**不適当な**</u>ものを、次の1～4の中から一つ選べ。

1 他動詞と自動詞の間には決まった二つの変形規則があるため、その規則についてよく説明することが大切である。
2 言語によっては、他動詞・自動詞間に形態的な違いがないこともあり、学習者の混乱が予想される。丁寧に説明することが必須である。
3 自動詞・他動詞は動詞の形だけでなく、格助詞の違いにも難しさが伴うので、例文を用いるなどして、格助詞に注意を向けながら導入することも大切である。
4 自動詞・他動詞の区別は、文法表現との共起関係にも関わってくる項目であるため、新しい動詞の導入の折には自動詞か他動詞かなど意識させることも必要である。

問2 下線部b「機械的な練習」として、この授業においてどのようなものが考えられるか。最も適当なものを、次の1～4の中から一つ選べ。

1 「ておく」が多く用いられている動画教材を視聴し、そのスクリプトについて、聴解問題を行う。具体的には、ビデオ内の男性が友達を家に招く前に、何をしたのか理解し、「―ておく」を用いて表現する。
2 「ておく」について、動詞の変形練習を行う。具体的には、まず「て形」の復習を兼ねて、全ての活用グループの動詞の絵カードを用いて「―ておく」の文の作成をする。
3 「ておく」が多く用いられる場面が想定されるパーティーの準備について、モデル会話を音読後、ロールプレイを行う。ロールプレイを行う際は、文を書いてから行っても、書かずに行ってもよい。
4 「ておく」を使った例文を何文か用意して、それを全体で音読する。

問3　下線部ｃ「リキャスト」についての記述で、最も適当なものを、次の１～４の中から一つ選べ。

1　「先週、バスにスマートフォンを忘れたしまいました」という発話に対して、「あれ？　何か違いますね。皆さん、何が違うかわかりますか？」のように誤用をクラス全体の学びとして活用する。

2　「先週、バスにスマートフォンを忘れたしまいました」という発話に対して、「え、バスにスマートフォンを忘れてしまいましたか？」と間違った部分を正しい形にして、言い直す。その際に、訂正した部分を強調するなどし、学習者の注意を向けるようにする。

3　学習者の誤った発話直後に、空白時間を置く、いぶかしげな顔をするなど、学習者が自らの発話について、疑問を持つような態度を取り、自らの訂正をうながす。

4　リキャストは明示的フィードバックの一つで、誤用を確実に訂正できる一方で、会話の流れなどが停止してしまうことがある。

問4　下線部ｄ「選択権」の記述について最も適当なものを、次の１～４の中から一つ選べ。

1　ペアで違う二つの役割を用意するが、どちらの役割を選ぶかは学習者が選べる。

2　学生が話す形式、内容について自ら決断することができること。目的を達成できるのであれば、他の言い回しを使うことも構わない。

3　ペアの相手から、自分の発話に対して反応をもらえる環境にあること。

4　練習に対して、参加するか参加しないか自由に選べる立場にあるということ

問題4

⇨解答・解説は P.149

日本語学校で教えているＡさんは、来学期からクラスで食と日本事情を結び付けた読解授業を行うことになった。資料１と２を読み、後の問い（問１～４）に答えよ。

〈資料１〉同僚の日本語教師との会話

Ａ：Ｂさん、すみません、今ちょっとお時間よろしいですか。実は、来学期担当する読解クラスで、食と日本事情を結び付けた活動をするんですが、これ（資料２の「読解の教材」）を使おうと思っているんです。確か、今学期はＢさんが担当されていますよね。どのような授業にしようか悩んでいて……。

Ｂ：あー、ａCLILを導入したクラスですね。CLILの基本ですけど、ｂ４Ｃに基づいて考えてはどうですか。この文章は、内容は面白いと思いますが、語彙が少し難しいので、ｃ学生たちの負担を軽減させたほうがいいと思いますよ。

Ｂ：やはりそうですか。ありがとうございます。もう少し考えてみます。

〈資料２〉授業の概要

学習者：中上級レベル　8名（中国3名、韓国2名、ベトナム3名）

[授業の大まかな流れ]

ウォームアップ　→　背景知識の活性化　→　ｄ内容の学習　→　まとめ・振り返り

【読解の教材】

> 　春夏秋冬の四季が明確な日本では、それぞれの季節に最もおいしくなる"旬"の食材を大切
> にしてきました。さらに、出始めの"はしり"、季節の終わりの"名残り"など、繊細な季節の変
> 化を味わいます。
> 　また、日本人は季節の花や葉などで料理を飾り付けし、季節に合った器や調度品を利用して
> 四季の移ろいや自然の美しさを楽しみます。和菓子では、春は桜や菜の花、夏は朝顔や七夕、
> 秋は紅葉や栗、冬は寒椿や水仙など、四季の風情が表現されていて、鮮やかな色や形などで季
> 節の到来を知らせてくれます。味覚だけでなく、視覚でも楽しみ、季節を慈しむ文化が日本に
> はあるのです。
>
> 出典：https://www.bunka.go.jp/foodculture/kisetsu.html（季節：食文化あふれる国・日本　文化庁）

問1　資料1の下線部a「CLIL」の教育的な利点には当てはまらないものを、次の1～4の中か
ら一つ選べ。

1　オーセンティシティー（authenticity）を最大限に利用することができる。
2　言語不安（language anxiety）を和らげることができる。
3　学習者の自律性（learner autonomy）を育むことができる。
4　学習者の忍耐力（patience）を養うことができる。

問2　資料1の下線部b「4C」のうち、「Cognition（思考）」の目標に当てはまるものを、次の1～
4の中から一つ選べ。

1　日本の食文化や旬の食材に関する情報を整理する。
2　四季と食材の関係、日本の食文化を知る。
3　季節限定の料理など、母国の食文化とのつながりに気づく。
4　日本の食文化に関する資料を日本語で読める。

問3　資料1の下線部c「学生たちの負担を軽減」させることについて、CLILでは学習者が自ら
言語運用ができるようになるための足場かけ（スキャフォールディング：scaffolding）が
重要視されている。学習者のレベルよりも高い読み物を読む際の負担を軽減させるため
に行う措置として不適当なものを、次の1～4の中から一つ選べ。

1　読み方が難しいと思われる漢字に振り仮名を振る。
2　読み物と一緒に語彙リストも配布する。
3　関連した写真やイラストを加える。
4　学習者の既習語彙にリライトする。

問4　資料2の下線部d「内容の学習」のうち、学習者が高次思考力を用いるための教師の質問として最も適当なものを、次の1〜4の中から一つ選べ。

1　日本人は、どのようにして料理を飾り付けしますか。
2　日本では、どうして味覚だけでなく視覚でも食を楽しむのでしょうか。
3　日本人は、四季の風情を何によって感じていますか。
4　和菓子には、どんなものがありますか。

問題5

⇨解答・解説は P.150

次の文章を読み、後の問い（問1〜5）に答えよ。

　日本語の授業計画を立てるためには、担当するクラスのレベルについて具体的に調査する必要がある。学習者の日本語力については a 日本語能力試験（JLPT）の受験経験とその結果を参考にできる。またクラスのニーズによって選択するシラバスや教授法も異なってくる。日本の大学に進学することを目指すクラスであれば、構造シラバスと文法積み上げ式の教授法を取り、日本語を読んで理解する力を付けることを優先する授業計画がなされるだろう。一方で、生活するための日本語を学ぶことを目標にする地域の日本語教室などでは、JLPTで評価できるような日本語の力を付けることだけが求められるわけではない。このような背景から近年では b 行動中心アプローチを基本とする指標が導入されることも多くなってきている。

　それぞれの目標を持つクラスの特徴により、同じ表現形式であっても異なる授業計画が立てられることになる。例えば「条件文」と呼ばれる表現について、留学生のための文法積み上げ式授業では、その構造と文の意味とに焦点が当てられることが一般的だと言える。条件文の従属節を導く接続表現には「〜ば」「〜たら」「〜と」「〜なら」がある。初級レベルの文法を教える場合は、c 基本的な条件形式におけるルールと意味との結び付きを扱う。中級レベルの授業で条件文の文法を教える場合は、d 条件形式を含む誤用例を挙げることでそれぞれの形式の特徴を示すのも一つの方法である。一方、生活のための日本語を身に付けるためには、どのような場面でどのような日本語が必要とされるかを知ることが重要である。すでに日本語で基本的なコミュニケーションができるレベルの授業で条件文の使用を扱う場合は、ロールプレイなどの活動を通して、ただ単に条件文を正しく作成することだけではなく、相手とのやり取りを行う上で適切な表現ができるかどうかを選択することができるようになるだろう。また、その中で e 日常生活の話し言葉として用いられる自然な表現を学ぶこともできる。

問1 文章中の下線部 a「日本語能力試験（JLPT）」に関する記述として不適当なものを、次の1〜4の中から一つ選べ。

1 各レベルの認定の目安は「読む」「聞く」という言語行動で表される。
2 それぞれの言語行動実現のためには文字・語彙・文法などの言語知識が必要とされる。
3 N5からN1まで5段階のレベルに分かれている。
4 N4とN5は現実の生活でどのくらい広い場面で日本語を理解できるかを測る。

問2 文章中の下線部b「行動中心アプローチを基本とする指標」に関する記述として不適当なものを、次の1〜4の中から一つ選べ。

1 文法に関する知識よりもその言語を使って「何をすることができるか」を重視する。
2 ヨーロッパで言語の習得状況を評価するために考案された指標はCEFRと呼ばれている。
3 日本語の習得について2021（令和3）年に作られた新しい枠組みにJFスタンダードがある。
4 CEFRおよびこれに基づいて作られた指標は学習者の自律的な学びを推奨している。

問3 文章中の下線部 c「基本的な条件形式におけるルールと意味との結び付き」に関する例として最も適当なものを、次の1〜4の中から一つ選べ。

1 「〜ば」で表す条件節は、既定の事実を表す主節と共起できる。
2 「〜たら」で表す条件節は、既定の事実を表す主節と共起できる。
3 「〜とすると」で表す条件節は、既定の事実を表す主節と共起できる。
4 「〜としたら」で表す条件節は、既定の事実を表す主節と共起できる

問4 文章中の下線部 d「条件形式を含む誤用例」に関する記述として不適当なものを、次の1〜4の中から一つ選べ。

1 「〜ば」の条件文は、主節の文末のモダリティーに制限がある
2 「〜と」の条件節は反事実条件文を構成できない。
3 「〜なら」の条件節は反事実条件文を構成できない。
4 「〜たら」の条件節には「もし」が現れにくいことがある。

問5 文章中の下線部e「日常生活の話し言葉として用いられる自然な表現」に関する記述として最も適当なものを、次の1〜4の中から一つ選べ。

1 条件文が会話に現れる場合「省略」が起こりにくい。
2 条件文はほとんどの会話で「語順転換」が起こる。
3 条件の「〜ば形」は「縮約」の形で用いられることが多い。
4 「〜ば形」の条件従属節ではいつでも「繰り返し」が起こる。

問題6

⇨解答・解説は P.151

ある養成講座の実習生たちが、語彙の指導法を巡って難しいと感じる点や課題を出し合い、その後、語彙指導についての幾つかのアイデアを検討した。資料1、2を読み、下の問い（問1～5）に答えよ。

〈資料1〉

【語彙指導に対する課題】

・語彙は文法とは違い、要素の数が多いため、どの語を幾つ教えればよいかわからない。

・語彙が不足しているような気がするが、どんな語を指導すればよいかわかならい

・語彙を増やすための具体的な指導方法がわからない。

・どんな語を覚えればもっと上手になるか質問されたが、うまく答えられなかった。

〈資料2〉

【語彙指導のアイデア】

・a語彙は体系を成しているからやみくもに学ぶより、場面や話題など語彙の体系を示しながら学習するのがよい。

・b類義語や対義語を同時に学んで増やしていくのがよい。

・c接辞などをうまく使用できるようにすることで、語彙の数を増やしてはどうか。

・母語話者は日常生活の中で自然に増やしているのだから、d多読などを実践して増やしていくのがよいのではないか。

・多読もよいが、読んだ後に整理することも必要。

問1 語彙学習の指針に関して、CEFRでは各レベルの語彙能力をどのように記述しているか。レベルと記述内容が一致しているものを、次の1～4の中から一つ選べ。

1	A 2	家族、趣味や関心、仕事、旅行、時事問題など、本人の日常生活に関わる大部分の話題について、多少間接的な表現を使ってでも、自分の述べたいことを述べられるだけの語彙を持っている。
2	B 2	本人の専門分野や大部分の一般的な話題に関して、幅広い語彙を持っている。語彙に不足があるために、時々詰まったり、間接的な表現をすることもあるが、頻繁な繰り返しを避けて、言い方を変えることができる。
3	B 1	特定の具体的な状況に関して、基本的な単語や言い回しのレパートリーを持っている。ただしそれらの間のつながりはない。
4	C 2	広い語彙レパートリーを使いこなせるし、言い換えで語彙の不足を埋めることができる。言葉を探したり、回避方略の使用がはっきりと分かることはない。定型表現や口語表現の使い方も上手である。

問2　下線部a「語彙が体系を成している」ということから導き出される語彙の学習法について不適当なものを、次の1～4の中から一つ選べ。

1　「食」に関する語、「スポーツ」に関する語など、話題ごとに語をまとめて学習する。
2　同じ漢字を使用する語をまとめて学習することで語を増やす。
3　大規模コーパスに準拠した語彙表で頻度順に語を覚えていく。
4　類義語を語種で比較しその違いを学びながら、語を増やす。

問3　下線部b「類義語や対義語」に関連する説明として最も適当なものを、次の1～4の中から一つ選べ。

1　「ビール」「水」「お茶」など文の中で同じ位置に来る語同士の関係を範列的関係という。
2　「ビール」「居酒屋」「飲む」「酔う」などお互いに統語関係を持ちながら一つの文を構成する語同士の関係を談話的関係という。
3　「ビール」「水」「お茶」など類義語同士の関係を連合的関係という。
4　「飲む」「注ぐ」「注文する」「こぼす」など同じ主語に対して使うことができる述語同士の関係を相補関係という。

問4　下線部c「接辞」に関する説明として不適当なものを、次の1～4の中から一つ選べ。

1　接辞は語種にかかわらず、和語・漢語・外来語由来のものが存在する。
2　接辞は意味を添えるほか、品詞を変える働きを持つものもある。
3　一つの語基に対して、接頭辞と接尾辞の両方が付くことがある。
4　動詞に付く接辞はいずれも全ての動詞に同じように付くことができる。

問5　下線部dの「多読」を実践する中で、文の中に出てきた単語を自然に身に付けていくような語彙の学習方法を「付随的語彙学習」というが、付随的語彙学習に関する説明のうち当てはまらないものを、次の1～4の中から一つ選べ。

1　同じ語に複数回遭遇する必要がある。
2　類推を必要とするので初級学習者にとっては効率がよくない。
3　一つのものを何度も繰り返し読むことで効果が上がる。
4　学習者にとって興味ある素材を用意する必要がある。

問題 7　⇨解答・解説は P.152

次の文章を読み、下の問い（問1〜5）に答えよ。

　言語は、それが使われるコミュニティーの状況に密接に結び付いており、言葉の多様性は、さまざまな言語変種の存在によって形作られている。この言語変種には、いわゆる a ら抜き言葉やさ入れ言葉など、元からある言語変種と同時に存在し使用される不安定な状態のものも含まれる。この言葉の多様性を理解するには、どんな言語変種が存在するかを知るだけでなく、それらがどのように使い分けられ、どのような働きがなされるかという、言葉遣いの動的な側面を考慮することが重要だろう。日本語の敬語を例に挙げると、単に尊敬語や謙譲語があるということだけでなく、b 特定の形式を用いて相手やその周囲との関係を明確にすることによって、円滑なコミュニケーションが促進されると捉えるのである。

　コミュニケーションを円滑に進めるためには、適切な敬語を選びさえすればいいわけではない。場面や状況に応じて、私たちはコミュニケーションの場に合った言語行動、非言語行動をその都度つくり上げており、そこにはしばしば、敬語という形式の枠組みを超えた、敬意表現が用いられる。2000年の第22期国語審議会で「現代社会における敬意表現」を答申した。敬意表現を「コミュニケーションにおいて相互尊重の精神に基づき、相手や場面に配慮して使い分けている言葉遣い」と定義し、その範囲や使い方を「敬語や敬語以外のさまざまな表現から適切なものを自己表現として選択するもの」とした。「お忙しいところ、すみません」や「今ちょっとよろしいでしょうか」といった c 前置き表現なども例に挙げられる。中には、d 敬語が用いられない敬意表現もある。

　日本国内で外国語として日本語を使う人々は増加し多様化している。日本語教育の充実が望まれる中で、e 日本語学習支援者の役割は一層大きくなり、外国人とのコミュニケーションに役立つ「やさしい日本語」の活用も進むだろう。やさしい日本語の言語的ルールの説明では「敬語を使わない」と言われるが、敬語を使わないから言葉遣いに何も配慮をしないということではない。「わざわざご足労頂き恐れ入ります」となるところを、やさしい日本語で「来てくれて、ありがとうございます」と言い換えても、相手への配慮や気遣いを伝える敬意表現になることは変わらない。これからの日本語のコミュニケーション、またその教育において、敬意表現に対する理解はますます重要となっていくと思われる。

問1　下線部 a「ら抜き言葉やさ入れ言葉」の使用について、日本語のクラスで学習者から質問が出た場合の対応として最も適当なものを、次の1〜4の中から一つ選べ。

　　1　若い世代の使用者が増えている一方、それらの言葉の使用に違和感を持つ人もいるという情報を伝える。

　　2　複数の言い方が存在する「言葉のゆれ」について学習者同士が話し合い、どう使うべきかクラスとしての結論を出す。

　　3　言葉は生き物であり、変化の流れを止めることはできないため、クラスでは取り上げないと説明する。

4　ら抜き言葉やさ入れ言葉の原理と成立の過程に触れた上で、現代ではこれらは正しい日本語として認められていないことを説明する。

問2　下線部b「特定の形式を用いて相手やその周囲との関係を明確にする」ものとして敬語があるが、敬語の使用という点から見て<u>不適当なもの</u>を、次の1〜4の中から一つ選べ。

1　「明日のお昼過ぎに、お客さまの<u>ご自宅</u>へ担当の者が<u>お伺いいたします</u>。」
2　「先生は、英語だけでなくポルトガル語も上手に<u>お話しになられる</u>んですね。」
3　「2種類の有効成分が、<u>お肌</u>を健やかにたもち、きめをそろえます。」
4　「(電話で)はい、ＡＢＣ貿易営業部で<u>ございます</u>。」

問3　下線部c「前置き」することを説明する語として最も適当なものを、次の1〜4の中から一つ選べ。

1　明確化要求
2　発話媒介行為
3　プラグマティック・トランスファー
4　メタ言語行動表現

問4　下線部d「敬語が用いられない敬意表現」の例として<u>不適当なもの</u>を、次の1〜4の中から一つ選べ。

1　あのさ、頼みたいことがあるんだけど。
2　悪いんだけど、今日バイトが入ったから先に帰るね。
3　もしよかったら、あの本、今度貸してくれない？
4　昨日言ってくれればよかったんだけど。

問5　下線部e「日本語学習支援者」について述べた説明のうち、最も適当なものを、次の1〜4の中から一つ選べ。

1　日本語学習支援者は、日本語教師、日本語教育コーディネーターに並ぶ日本語教育人材として位置づけられている。
2　地域日本語教育の質の向上を図るため、日本語学習支援者の養成や研修が自治体を中心に実施されており、修了者には資格が与えられる。
3　日本語学習支援者の養成ならびに研修に必要な学習項目は、日本語教員が学ぶべき必須の50の教育項目のうち、25項目である。
4　日本語学習支援者は、就労のための日本語の言語学習を除いた面、とりわけ日本の文化や生活習慣を説明し、理解を促進する役割を担う。

応用試験（読解）　演習問題

問題1

問1＝1　問2＝4　問3＝4　問4＝1　問5＝4

問1 外国人の受け入れ政策の動向を踏まえる際に、「**出入国管理および難民認定法（入管法）**」の改正について押さえておくことはとても大切である。日本では戦前から戦後にかけて、移民政策として日本人を南米やハワイなどに移民として送っていた。日系人のルーツはそのような日本からの移民である。日本では1980年代後半からのバブル景気の影響で、人手不足が深刻化し、日系人に対して優遇措置を認め、多数の日系人を受け入れた。1990年の法律の改正施行によって、日系2世に対しては日本人の配偶者等、日系3世に対しては定住者という就労制限がない在留資格を与えた。ちなみに、インドシナ難民も「**定住者**」という資格で在留している。なお、「**特定活動**」の在留資格で医療機関で働いているのは、**経済連携協定（EPA）**によって来日した外国人、「**特別永住者**」の在留資格を持っているのは在日韓国人や朝鮮人などのオールドカマーであり、10年以上在留している外国人が全てこの資格を持っているわけではない。「研修」と「特定活動」という二つの在留資格が「**技能実習**」に一本化されたのは2009年の入管法の改正による。

問2 **外国人集住都市会議**は、外国人住民に係る施策や活動に取り組む自治体が集まり、多文化共生への課題について考える会議であり、第1回の外国人集住都市会議は浜松市で開催され、設立趣旨が了承された。その後、同年10月に「外国人集住都市公開首長会議」を浜松市で開催し、外国人住民との地域共生に向けた「浜松宣言および提言」を採択した。選択肢にある都市はいずれも全住民のうち外国人住民の占める割合が他の都市よりも高い外国人集住都市である。

問3 文化庁が公表している日本語教育人材のうち、ボランティアは「日本語学習支援者」に位置づけられる。それぞれの自治体や教室などで、ボランティア養成講座などが開催されているケースはあり、その受講や修了が、ボランティア活動を始めるに当たっての条件となっていることもあるが、現時点において、文部科学省認定の日本語学習支援の資格は特にない。

問4 **地域日本語教育コーディネーター**は、関係機関との連携の下、「**生活者としての外国人**」に対する教育プログラムの編成・実施に携わる人材である。地域日本語教室の現状および問題の把握と課題設定を行い、「生活者としての外国人」に適した日本語教育プログラムの実践に向けた方法を開発し、それらを地域の行政機関・ＮＰＯ、コミュニティーなどと連携し、協働して課題の解決を行うことができる能力を有することが求められている。また、「生活者としての外国人」のライフステージや個別性を考慮した日本語教育の内容と方法を開発することができる能力が求められることから、一定の期間内におけるB1レベル到達を

判定する能力が求められるとする1の選択肢は不適当である。

問5 地域日本語教育には留学生に対する日本語教育とは異なる学習内容や方法が求められる。しかし、留学や就労の在留資格で日本で暮らす外国人は全て「生活者」としての面も持っており、「生活者としての外国人」に対する日本語教育のありようを考えることは、日本国内全体で日本語学習を必要とする外国人に対する日本語教育を考えることにもつながる。そのような意味でも、地域の日本語教育に関する動向はしっかり押さえておきたい。社会統合の観点から、日本に入国した外国人には全て基礎的な日本語教育を保障する公的な教育機関の必要性が主張されることがあるが、現時点においては地域の日本語教室がその多くを担っているのが現状であり、新しい法律においても「生活」の課程を置く認定日本語教育機関について定められているが、各自治体に設置義務があるわけではない。「生活者としての外国人」に向けて文化庁が開発した「**生活 Can do**」や日本語学習サイト「**つながるひろがる　にほんごでのくらし**」などは地域日本語教育における日本語学習の指針や具体的な学習リソース、方法を示すものである。実際に目を通しておきたい。

問題2

問1 = 1　**問2** = 3　**問3** = 2　**問4** = 2

問1 正解は選択肢1。**フォーカス・オン・フォーム**では、この授業のように、学習者の意識がそこで扱われるテーマや内容に向いている中で、必要に応じて言語の形式に意識を向けさせる。この考え方に基づく教授法として、**TBLT**(Task-Based Language Teaching: タスク中心の言語教授法)や**CLIL**(Content and Language Integrated Learning: 内容言語統合型学習)がある。

問2 **コミュニケーション・ストラテジー**とは、コミュニケーションを円滑に進めるために使われるさまざまな方法のこと。言葉がわからないときにそのことを話すのを諦める、ほかの言葉で言い換える、知っている言葉で説明したり新しい語を作ったりする、辞書や話している相手に聞く、母語や話している相手との共通言語を使うなどがある。母語話者同士のやり取りでも、会話の中でわからないことがあったときスマートフォンで調べることがあるように、学習者が母語話者とやり取りをする際にも、スマートフォンの辞書機能や翻訳機能を使うことで、コミュニケーションを円滑に進めることができる。

問3 正解は2の**アウトプット仮説**。**クラッシェン**が提唱した**インプット仮説**に対して、**スウェイン**は言語習得にはアウトプットも必要だとした。学習者は目標言語のアウトプットをすることで、自分が言いたいことと言えることのギャップに気づいたり、アウトプットしたことが通じないことによって中間言語のルールを修正できたりするためである。

問4　通常、学習者が教室で受けるインプットは学習者用に調整されたものであるが、実際には言語にはさまざまなバリエーションがあり、これを**言語変種**という。言語変種には方言やジェンダー、年齢による違いだけでなく、誰と話すかによって使用語彙や話し方が変わることも含まれる。教科書で使われている日本語や、共通語だけが「正しい日本語」というわけではなく、第二言語として日本語を使う学習者であっても、さまざまな環境で、さまざまな人とコミュニケーションをする中で、言語変種に接し、身に付けていく。また、「男言葉」「女言葉」については、そのような言語変種があることを教えること自体は問題ではないが、「男性／女性が使うべき言葉」とその使い分けが規範であるかのように教えるのは避けるべきである。選択肢4について、授業にどのくらいの頻度で母語話者のゲストを招くのが適切かは、学習者の状況や日本語のレベルによるため、一概に言うことはできない。

問題3

問1 ＝ 1　　**問2** ＝ 2　　**問3** ＝ 2　　**問4** ＝ 2

問1　**自動詞・他動詞**は学習者にとって重要な項目であるが、学習に困難を伴うこともある動詞の分類である。難しさの一つの理由としては、自他動詞のペア間に決まった変換ルールが存在しないことが挙げられる。それ以外にも、自他のペアがない動詞の存在、「テイル」「テアル」との共起関係など、学習者が混乱するポイントも多く、実践では丁寧な指導が求められる。

問2　機械的な練習は、言語の形式面の正確さを上げるために行う練習である。何度も導入した文型を繰り返すことで、定着を目指す練習である。**パターンプラクティス**は、**オーディオリンガル・メソッド**の流れをくむ練習法であるが、特に初級では、導入直後に定着を目指して使用されることが多い練習法である。教師と同じことをリピートする反復練習（模倣練習）や、文を指定の形に変形する変形練習などがあり、絵カードなどを使って行われることもある。

問3　**リキャスト**は、誤用に対しての**暗示的フィードバック**のことで、学習者の誤りに対して、会話の流れを止めず、会話の流れを保持したまま正しい文を提示する方法である。

問4　**コミュニカティブ・アプローチ**は、コミュニケーション能力の向上を主な目的とした言語指導法である。特にモローは、学びのプロセスもコミュニカティブであるべきだと考え、練習にも「**インフォメーションギャップ**」「**選択権**」「**フィードバック**」があることが望ましいと考えた。ここで取り上げられている選択権は、学習者が発話する際に、何を話すか自分の意志で選択できるということ、また、それをどのような文型や表現で表すかが学習者に委ねられているということである。また、ここでの「フィードバック」とは、学習者の活動に対する教師の採点や反応、コメントのことではなく、聞き手の反応のことを指す。教室活動でも実際のコミュニケーションのように、学習者が意図した目的が達成されたか

どうか、聞き手の反応からすぐにわかる環境が望ましいということである。

問題 4

問1 ＝ 4　　**問2** ＝ 1　　**問3** ＝ 4　　**問4** ＝ 2

問1　**CLIL**（クリル）とは内容言語統合型学習（Content and Language Integrated Learning）のことであり、1990年代半ば以降にヨーロッパで広がった「複言語・複文化主義」を背景に生まれた指導法である。言語教育の一環（language learning）でありつつ、学習内容（content）により学習意欲を喚起し、思考力（cognition）や目標言語によるコミュニケーション能力（communication）を育成し、異文化理解（interculture）や自律学習を促進することを大切にし、それぞれの学びを統合している点に特徴がある。「言語で学ぶ」という観点は**CBI**（Content-based Instruction、内容重視の指導法）に類似しているが、CBIは80年代のアメリカにおいて、**ESL**（English as a Second Language）**教育**や**イマージョン教育**を背景に体系化され、主に英語教育を中心として発展し、後に他の言語でも実施されるようになった指導法である。4の「学習者の忍耐力」は従来の機械的学習や暗記学習の環境下で養うことができると言われている。

問2　CLILの教育理念は「**4つのC**（4Cs）」を基本として考えることが重要であるとされている。1が「思考（Cognition）」、さまざまなレベルの思考力に関する目標である。2は「内容（Content）」、科目内容やテーマに関する目標、3は「協学・異文化理解（Community ／ Culture）」、文化の多様性の理解と対応力に関する目標、4は「言語（Communication）」、言語スキルや目標言語でのコミュニケーション能力に関する目標である。

問3　CLILでは、できるだけオーセンティックな素材を使用したインプットを用いることが理想とされるため、既習語彙にリライトするより、素材を生かす方法を考えるほうが望ましい。学習者の負担を軽減する方法としては、ルビや関連図表などを加えたり、語彙リストを配布したりするほか、文章そのものの量を短くしたり、事前課題にして学習者自身のペースで課題に取り組ませたりする方法がある。

問4　CLILを支える学習理論の一つに**ブルーム**の教育目標（Bloom's Taxonomy）があり、思考力を**高次思考力**（higher order thinking skills, HOTS）と**低次思考力**（lower order thinking skills, LOTS）に分けて考える。低次思考力には「覚える」「理解する」「整理する」などがあり、主に授業で学ぶ内容と言語を理解したり記憶したりする際に用いられ、高次思考力には「予測する」「応用する」「想像する」などがあり、授業で学んだことを応用したり批判的に考えたり発展的に何かを創造したりする際に用いられる。1、3、4は本文の内容を理解し、書かれている情報を整理することで答えられるため、低次思考力を用いる質問であるが、2は本文の内容を基に論理的思考や創造的思考が求められるため、高次思考力を用いる質問となる。

問題 5

問1＝4　問2＝3　問3＝2　問4＝3　問5＝3

問1　日本語能力試験(Japanese Language Proficiency Test, **JLPT**)が開始されたのは1984年でその後2010年に改変が行われている。N1が一番上のレベルでN5までの5段階で評価される。それぞれのレベルで「どれくらい日本語が理解できるか」を測るのだが、その認定の目安としてN1とN2で「現実の生活でどのくらい広い場面で」とあり、問題文の4の記述はこのレベルについてではないので間違いである。N4とN5では「主に教室内で学ぶ基本的な」とされている。N3は両者の橋渡し的なレベルである。1・2・3の記述は正しい。

問2　1は正しい記述で、**行動中心アプローチ**は「その言語を使って何をすることができるか」を評価の対象とする。また**ヨーロッパ言語共通参照枠**(CEFR: Common European Framework of Reference for Language)は行動中心アプローチに基づいているので2も正しい記述である。またCEFRは学習者の自律的な学びを推奨しており4も正しい記述である。日本においてはこのようなCEFRの考え方に基づいたJFスタンダードがスタートしているが、2021年(令和3年)に新たに策定されたのは「日本語教育の参照枠」であるため3は正しくない。

問3　既定の事実は単文および主節では「タ形」で過去の時制が表される。「～たら」で導かれる条件節は仮定的な条件も表すが実際に起こった出来事の成立順序を表すこともできる。「昨日帰ったら、荷物が届いていた。」のような文が現れることを2は表しており正しい記述である。残りの表現形式「～ば」「～とすると」「～としたら」は主に仮定的な条件を表すため、「タ形」で終わる主節とは共起せず1・3・4は間違いである。

問4　事実とは異なる出来事を仮定して、その結果を仮定して述べる文を**反事実条件文**と呼ぶ。「もう少し早く着いていたら、あんな事故には遭わなかっただろう。」という文がこれに当たり、現実の出来事は「早く着かなかったから、あんな事故に遭ってしまった」ことを表している。この文の「たら」を「たなら」と入れ替えても同じ意味の文を構成できるため3は正しくないが、「と」には入れ替えられないため2の記述は正しい。「～ば」は「*羽田空港に着けば、電話をください。」のように「依頼」のモダリティーを取る主節とは共起しないため、1の記述も正しい。また「～たら」は実際に起こった事柄を表す役割を持つため、「??もしこのレポートが書き終わったら、明日の飲み会に参加できるだろう」のように「このレポート」が「そもそも完成不可能なもの」でない限り「もし」との共起は不自然になり4の記述は正しい。

問5　「省略」は書き言葉と話し言葉の両方に見られる特徴で、条件文でも「田中さんが行くなら……(私は行かない)。」のように省略は起こるため1は間違いである。また強調したい内容について「語順転換」や「繰り返し」を用いるが、条件文においてそれが「ほとんどいつも」起こるものではないため2と4は間違いである。条件形の「～ば形」は「君がやらなきゃ、

誰がやるんだ。」のように「やらなければ」が「やらなキャ」のように縮約されるため3が正解である。

問題 6

問1 = 2　問2 = 3　問3 = 1　問4 = 4　問5 = 3

問1　CEFRでは、コミュニケーション言語能力を構成する「言語能力」のうち、「語彙能力」を、「言語の語彙知識と、その語彙を使いこなす力で、語彙的な要素と文法的な要素から成る」とし、語彙知識の広さと、その知識を使いこなす能力について例示的尺度を示している。選択肢１はＢ１、３はＡ１、４はＣ１の記述文。全体的な尺度においても、Ｂ１は「身近な話題」、Ｂ２は「さまざまな話題」「具体的な話題でも抽象的な話題でも」というのがキーワードになっており、それに対応して語彙能力も記述されている。

問2　大規模コーパスを使って高頻度順に語彙を学んでいく方法は効果があるが、頻度順は話題や類義語などとは関連なく並ぶので、体系的に語彙を学習できるというわけではない。

問3　**範列的関係**（連合関係、paradigmatic relations）は、文の中で同じ統語的位置に来る可能性がある語群のことで、一般に同じ意味カテゴリーの語群となる。「ビール」「居酒屋」「飲む」「酔う」のように、文法的なつながりで一つの文を構成するような語同士の文法的な関係のことを**統合的関係**（統語関係、syntagmatic relations）と呼ぶ。

問4　**接辞**は「～さ」「～めく」のような和語由来のもの、「非～」「～化」など漢語由来のもの、「～チック」などの外来語由来のものがある。接辞は意味を添えるほか、「高い」→「高まる」、「経済」→「経済的な」のように品詞を変える働きを持つものもある。また、一つの語基に対して「非効率的」のように接頭辞、接尾辞の両方が付く場合もある。ただし、同じ接辞であっても同じ振る舞いをするわけではなく、例えば全ての動詞に等しく同じように結合できるというわけではない。

問5　**付随的語彙学習**の場合、新しい語に一度遭遇し、類推できたからといって身に付くわけではなく、その後も何度もその語と出合う必要がある。そのため、同じようなテーマのものを複数読むと効果的だと考えらえる。また、類推を必要とするので未知語が多い初級学習者にはあまり向いていない。インプットとなる素材の95％以上が既知語である必要があると言われる。また付随的語彙学習は時間をかけて徐々に進むものであることから、学習者の興味、関心があるものを用意するとよい。その際、同じものを何度も繰り返し読むよりは、同じテーマで違うテキストを読んだ方が、その語のさまざまな用法に触れることができ効果的である。

問題7

問1＝1　問2＝2　問3＝4　問4＝4　問5＝1

問1　2は、言葉遣いについて学習者が話し合ったとしても、どう使うべきかクラスでたった一つの結論に帰結させることは望ましいこととは言えない。3は、学習者の質問に対して、教師が取り上げないと判断することで、学習者が不満を抱いたり、ら抜き言葉やさ入れ言葉の使用は問題ないと受け止めたりする可能性があり、適当ではない。4はこれらの言葉の使用を質問しているのに、正しい日本語ではないとの説明だけでは使用に関する情報が与えられず、これも適当とは言えない。教師は、言葉遣いや言葉の使用に対して、自分の規範意識や主観だけに頼らず、文化庁が実施する国語に関する意識調査の結果などに日頃から目を配り、客観的な情報を得ておくことが必要である。

問2　1「お伺いいたします」は**謙譲語Ⅰ**「伺う」と**謙譲語Ⅱ**「いたします」が組み合わさった二重敬語の形式になっているが、既に使用が定着しており許容される。2「お話しになられる」は、**尊敬語**の「お話しになる」に尊敬形にする「られる」を使用した二重敬語であり、「お話しになるんですね」とする。なお、可能形を用いて「（上手に）お話しになれる」とする言い方は、目上の人物の能力を直接問うことになるため望ましくない。名詞に「お」や「ご」を付ける3「お肌」は、相手に属するものを立てる働きをする尊敬語としての用法と、**美化語**としての用法が同じ形となり、どちらであるかは文脈で判断される。4「ございます」は「です」「ます」と同様に**丁寧語**の一つである。

問3　**明確化要求**は、第二言語習得理論におけるフィードバックの方法の一つで、相手の発話が理解できない場合に、「それって、どういう意味ですか」「もう一度お願いします」という表現を使って、相手に明確な発話を求めることである。**発話媒介行為**は、**オースティン**による発話行為論の概念の一つである。言葉を発することそのものを発話行為、発話行為がもたらす働きを発話内行為、発話によって生じる効果や結果を発話媒介行為とする3段階で捉える。**プラグマティック・トランスファー**（語用論的転移）とは、外国語学習者の対象言語使用に見られる言語転移の現象の一つで、会話の社会的文脈の理解に母語による判断を持ち込み、それを対象言語に当てはめてることである。**メタ言語行動表現**の「メタ」とは、ある言語行動に対する言語行動のことであり、前置きは本題の言語行動に入ることを合図し、宣言する言語行動となっている。こうしたメタ言語行動表現も敬意表現の一例である。

問4　1「頼みたいことがあるんだけど」や3「もしよかったら」は、具体的な依頼の言語行動に先行して前置きすることで、相手の負担を和らげる配慮の表現である。2「悪いんだけど」も前置きの敬意表現として定型化している。それに対し、4「昨日言ってくれれば良かったんだけど」は、文末の「んだけど」は1と共通するが、前置き表現ではない。「言ってくれれば良かった」は反実仮想の表現であり、そこに「んだけど」が付くことで、相手への非難や納得できない自分の感情を表している。敬意表現には決まった表現も見られるが、場面

によってその時に作られる、形の決まっていない表現もある。適切な日本語の敬意表現を使うには、日本語の社会言語能力が不可欠である。

問5 2019年に文化庁が報告した「**日本語教育人材の養成・研修の在り方について（報告）**改定版」では、日本語教師、日本語教育コーディネーター、日本語学習支援者を日本語教育人材として定めている。現在では、大学などの教育機関や自治体などで日本語学習支援者の研修が行われているが、日本語学習支援者は資格とはならない。また、日本語学習支援者の養成に必要な教育内容は、日本語教師養成のための**必須の教育内容**50項目とは別に提示されている。日本語学習支援者は、日本語教育コーディネーターや日本語教師と共に学習者の日本語の学びをサポートする役割を担う。具体的な活動内容や範囲が指示されているわけではなく、対象となる学習者や日本語学習の目的に応じた活動を行うこととなる。実際に学習者とコミュニケーションするときには、日本語レベルに応じて分かりやすい言葉遣いを心がけていくことが重要である。

聴解試験に臨む前に、音声の基本的な知識をチェックしてみましょう。調音点や調音法などをきちんと整理して、口腔断面図と仮名や音声記号がすぐに一致するように、繰り返し練習してみましょう。また、アクセントの表記にはさまざまな記号が使われます。どのタイプで出題されても対応できるように、読み方を頭に入れておきましょう。

単音1

⇒解答・解説は P.157

以下の直音に含まれる子音の音声特徴と音声記号を書きなさい。

	直音	有声／無声	調音点	調音法	音声記号
カ行	カキクケコ				[　]
ガ行	ガギグゲゴ				[　]
ガ行(鼻濁音)	ガギグゲゴ				[　]
サ行	サスセソ				[　]
	シ				[　]
ザ行 (語頭/「ン/ッ」の直後)	ザズ(＝ヅ)ゼゾ				[　]
	ジ(＝ヂ)				[　]
ザ行 (語中)	ザズ(＝ヅ)ゼゾ				[　]
	ジ(＝ヂ)				[　]
タ行	タテト				[　]
	チ				[　]
	ツ				[　]
ダ行	ダデド				[　]
ナ行	ナヌネノ				[　]
	ニ				[　]
ハ行	ハヘホ				[　]
	ヒ				[　]
	フ				[　]
バ行	バビブベボ				[　]
パ行	パピプペポ				[　]
マ行	マミムメモ				[　]
ヤ行	ヤユヨ				[　]
ラ行	ラリルレロ				[　]
ワ行	ワ				[　]

⇨解答・解説は P.157

以下の口腔断面図の特徴として、鼻腔への通路、口腔内、舌の状態(7番～12番)の適切なものを
マークしなさい。またその断面図の示す音の調音法、調音点を、そしてその子音を持つ仮名を、
下の選択肢からそれぞれ選びなさい。

[調音法] a：鼻音　　　b：破裂音・破擦音の閉鎖　　　c：摩擦音
[調音点] 1：両唇　　2：歯茎　　3：歯茎硬口蓋　　4：硬口蓋　　5：軟口蓋　　6：口蓋垂
[その子音を持つ仮名]
①カ行、ガ行　　②ガ行(鼻濁音)　　③サスセソ、ザズ(ヅ)ゼゾ(語中)
④シ、ジ(ヂ)(語中)　　⑤タツテト、ダデド　　⑥チ、ジ(ヂ)(語頭)　　⑦ナヌネノ
⑧ニ　　⑨ヒ　　⑩パ行・バ行　　⑪マ行　　⑫ン(語末)

	1番	2番	3番	4番	5番	6番
口腔断面図						
鼻腔への通路	開／閉	開／閉	開／閉	開／閉	開／閉	開／閉
口腔内	閉鎖／狭め	閉鎖／狭め	閉鎖／狭め	閉鎖／狭め	閉鎖／狭め	閉鎖／狭め
調音法						
調音点						
仮名						

	7番	8番	9番	10番	11番	12番
口腔断面図						
鼻腔への通路	開／閉	開／閉	開／閉	開／閉	開／閉	開／閉
口腔内	閉鎖／狭め	閉鎖／狭め	閉鎖／狭め	閉鎖／狭め	閉鎖／狭め	閉鎖／狭め
舌の状態	平ら／盛り上がり	平ら／盛り上がり	平ら／盛り上がり	平ら／盛り上がり	平ら／盛り上がり	平ら／盛り上がり
調音法						
調音点						
仮名						

単音3

⇒解答・解説は P.158　　⏬ TR 002-012

日本語学習者が1〜10番のように単語を間違えて発音しています。それぞれ誤った発音と正しい発音の口腔断面図を選び、誤りの原因に○を付けなさい。

	誤った発音	断面図	正しい発音	断面図	誤りの原因		
1番	さ<u>ブ</u>さ		さ<u>む</u>さ		声帯振動	調音点	調音法
2番	し<u>チュ</u>け		し<u>つ</u>け		声帯振動	調音点	調音法
3番	し<u>ジャ</u>い		し<u>ざ</u>い		声帯振動	調音点	調音法
4番	<u>ジャ</u>きゅう		<u>や</u>きゅう		声帯振動	調音点	調音法
5番	しん<u>バ</u>い		しん<u>ぱ</u>い		声帯振動	調音点	調音法
6番	<u>ス</u>いか		<u>つ</u>いか		声帯振動	調音点	調音法
7番	わた<u>スィ</u>		わた<u>し</u>		声帯振動	調音点	調音法
8番	<u>チ</u>かん		<u>じ</u>かん		声帯振動	調音点	調音法
9番	お<u>シ</u>たし		お<u>ひ</u>たし		声帯振動	調音点	調音法
10番	し<u>ナ</u>ない		し<u>ら</u>ない		声帯振動	調音点	調音法

口腔断面図　★破擦音は閉鎖の段階で示す。

解答・解説

単音1

カ行：無声 ／ 軟口蓋 ／ 破裂音 ／ [k]

ガ行：有声 ／ 軟口蓋 ／ 破裂音 ／ [g]

ガ行（鼻濁音）：有声 ／ 軟口蓋 ／ 鼻音 ／ [ŋ]

サスセソ：無声 ／ 歯茎 ／ 摩擦音 ／ [s]

シ：無声 ／ 歯茎硬口蓋 ／ 摩擦音 ／ [ɕ/ʃ]

ザズ（ヅ）ゼゾ（語頭/「ン/ッ」の直後）：有声 ／ 歯茎 ／ 破擦音 ／ [dz]

ジ（語頭/「ン/ッ」の直後）：有声 ／ 歯茎硬口蓋 ／ 破擦音 ／ [dʑ/dʒ]

ザズ（ヅ）ゼゾ（語中）：有声 ／ 歯茎 ／ 摩擦音 ／ [z]

ジ（ヂ）（語中）：有声 ／ 歯茎硬口蓋 ／ 摩擦音 ／ [ʑ/ʒ]

タテト：無声 ／ 歯茎 ／ 破裂音 ／ [t]

チ：無声 ／ 歯茎硬口蓋 ／ 破擦音 ／ [tɕ/tʃ]

ツ：無声 ／ 歯茎 ／ 破擦音 ／ [ts]

ダデド：有声 ／ 歯茎 ／ 破裂音 ／ [d]

ナヌネノ：有声 ／ 歯茎 ／ 鼻音 ／ [n]

ニ：有声／歯茎硬口蓋あるいは硬口蓋／ 鼻音 ／ [ɲ]

ハヘホ：無声 ／ 声門 ／ 摩擦音 ／ [h]

ヒ：無声 ／ 硬口蓋 ／ 摩擦音 ／ [ç]

フ：無声 ／ 両唇 ／ 摩擦音 ／ [ɸ]

バ行：有声 ／ 両唇 ／ 破裂音 ／ [b]

パ行：無声 ／ 両唇 ／ 破裂音 ／ [p]

マ行：有声 ／ 両唇 ／ 鼻音 ／ [m]

ヤ行：有声 ／ 硬口蓋 ／ 半母音(接近音)／ [j]

ラ行：有声 ／ 歯茎 ／ はじき音 ／ [ɾ]

ワ：有声 ／ 軟口蓋 ／ 半母音(接近音)／ [ɯ]

★半母音は「接近音」ともいわれる。

★併記された記号はどちらも使われている。

☆拗音「シャ」や外来語音「ファ」の拍に含まれる子音は、「シャ」なら「シ」、「ファ」なら「フ」のように各拍の表記で大きく書かれている文字の子音と同じである。

単音2

1番 閉 閉鎖 b 1 ⑩		**2番** 開 閉鎖 a 1 ⑪		**3番** 閉 閉鎖 b 5 ①		
4番 開 閉鎖 a 5 ②		**5番** 開 閉鎖 a 6 ⑫		**6番** 閉 狭め c 4 ⑨		

7番	開	閉鎖	平ら	a	2	⑦	8番	開	閉鎖	盛り上がり	a	3	⑧
9番	閉	閉鎖	盛り上がり	b	3	⑥	10番	閉	狭め	平ら	c	2	③
11番	閉	閉鎖	平ら	b	2	⑤	12番	閉	狭め	盛り上がり	c	3	④

★9番の断面図は破裂音ではなく「チ、チャ〜チョ、ジ(ヂ)、ジャ〜ジョ(語頭)」の拍に含まれる歯茎硬口蓋破擦音の閉鎖状態を示す。閉鎖の解放の直後に12番の歯茎硬口蓋摩擦音に移行する。歯茎音と異なり口蓋化で舌が盛り上がっている。

★「ツ、ザズ(ヅ)ゼゾ(語頭)」は歯茎破擦音の子音を持つ。断面図では11番の歯茎破裂音と同じ断面図で閉鎖状態が示される。閉鎖の解放の直後に10番の歯茎摩擦音に移行する。

単音3

	誤った発音	口腔断面図	正しい発音	口腔断面図	誤りの原因
1番	さブさ	f	さむさ	a	調音法
2番	しチュけ	h	しつけ	g	調音点
3番	しジャい	n	しざい	m	調音点
4番	ジャきゅう	h	やきゅう	o	調音点　調音法
5番	しんバい	f	しんぱい	f	声帯振動
6番	スいか	m	ついか	g	調音法
7番	わたスィ	m	わたし	n	調音点
8番	チかん	h	じかん	h	声帯振動
9番	おシたし	n	おひたし	o	調音点
10番	しナない	b	しらない	p	調音法

1番　ブ／む(有声　両唇　破裂音／鼻音)

2番　チュ／つ(無声　歯茎硬口蓋／歯茎　破擦音)

3番　ジャ／ざ(有声　歯茎硬口蓋／歯茎　摩擦音)

4番　ジャ／や(有声　歯茎硬口蓋／硬口蓋　破擦音／半母音)

5番　バ／ぱ(有声／無声　両唇　破裂音)

6番　ス／つ(無声　歯茎　摩擦音／破擦音)

7番　スィ／し(無声 歯茎／歯茎硬口蓋　摩擦音)

8番　チ／じ(無声／有声　歯茎硬口蓋　破擦音)

9番　シ／ひ(無声　歯茎硬口蓋／硬口蓋　摩擦音)

10番　ナ／ら(有声　歯茎　鼻音／はじき音)

★硬口蓋摩擦音、硬口蓋半母音、および母音「イ」の断面図は上顎と舌の微妙な開きを図示できないので通常は共通で「o」のような図になる。

⇨解答・解説は P.161　　⬇TR 013-027

これから読む語のアクセントの型を、例のように書いてください。

例　①②③（さ|かな）

1番　①②③　　　**2番**　①②③　　　**3番**　①②③　　　**4番** ①②③

5番　①②③　　　**6番**　①②③　　　**7番**　①②③

8番　①②③④⑤⑥　　**9番**　①②③④⑤⑥　　**10番**　①②③④⑤⑥

11番　①②③④⑤⑥　　**12番**　①②③④⑤⑥

13番　①②③④⑤⑥⑦⑧　　**14番**　①②③④⑤⑥⑦⑧

⇨解答・解説は P.161　　⬇TR 028-033

下記のアクセントの記号は、/ が低から高への音の上がり目、\ が高から低への音の下がり目を表します。これから読む1番から5番の文の下線部のアクセントの型は、選択肢A、B、C、Dのうちのどれですか。

例　今は派遣社員（はけんしゃいん）です。
Ⓐ　ハ/ケンシャ\イン
B　ハケン/シャ\イン
C　ハ/ケン\シャイン
D　ハケ/ンシャ\イン

1番　まだ、マツタケご飯は食べたことがありません。

A　マ/ツタケゴ\ハン
B　マ/ツタ\ケゴ/ハン
C　マ/ツタケ\ゴ/ハン
D　マ\ツ/タケゴ\ハン

2番　冬は石焼き芋の季節です。

A　イ/シ\ヤ/キイモ
B　イ/シヤキ\イモ
C　イ\シ/ヤ\キイモ
D　イ\シヤ/キイモ

3番　あなたはモスクワ生まれですか。

A　モ/スクワウ\マレ
B　モ\スクワ/ウ\マレ
C　モ\スクワウ/マレ
D　モ\スクワ/ウマレ

4番　専攻は日本語教育ですか。

A　ニ/ホ\ンゴ/キョウイク
B　ニ\ホンゴキョ/ウイク
C　ニ/ホンゴキョ\ウイク
D　ニ/ホンゴ\キョ/ウイク

5番　バタバタしていて落ち着きません。

A　バ\タ/バ\タ/シ\テ/イ\テ
B　バ\タ/バ\タシ/テイテ
C　バタ/バ\タシ/テ\イテ
D　バタ/バ\タシテイ/テ

解答・解説

アクセント1

1番 ①②③

2番 ①②③

3番 ①②③

4番 ①②③

5番 ①②③

6番 ①②③

7番 ①②③

8番 ①②③④⑤⑥

9番 ①②③④⑤⑥

10番 ①②③④⑤⑥

11番 ①②③④⑤⑥

12番 ①②③④⑤⑥

13番 ①②③④⑤⑥⑦⑧

14番 ①②③④⑤⑥⑦⑧

音の高低が発音できないと聞き分けもできない傾向がある。そのため読む練習が有効である。発音に無理のない高さで低い方を「ド」、高い方を「ミ」として、「ドミ（低高）」「ミド（高低）」「ミミ（高高）」として読む。これが変化の基本となる。次に、1番から7番までは3拍の可能な型を全て読んでいるので、これを聞き分け、発音できるようにしておけば、拍が増えても6拍なら3拍＋3拍のように把握が容易になる。低になる直前の音の高い拍は強く感じられることが多いので聞き取りの参考になる。

アクセント2

1番＝B
2番＝A
3番＝C
4番＝D
5番＝B

アクセントの型の表記には、次の1～4のような書き方がある。なお、試行試験は3の書き方で出題された。

1　高い音の拍
　　低い音の拍

2　◌̄:高い音の拍、◯:低い音の拍
　　ハ̲ケンシャ̄イ̲ン

3　／:低から高への上がり目、
　　＼:高から低への下がり目
　　ハ／ケンシャ＼イン

4　＼:高から低への下がり目
　　（語の1拍目から2拍目にかけて音が上がることを示す「音の上がり目」は示されない。）
　　ハケンシャ＼イン

例　今はハ／ケンシャ＼インです。
1番　まだ、マ／ツタ＼ケゴ／ハンは食べたことがありません。
2番　冬はイ／シ＼ヤ／キイモの季節です。
3番　あなたはモ＼スクワウ／マレですか。
4番　専攻はニ／ホンゴ＼キョ／ウイクですか。
5番　バ＼タ／バ＼タシ／テイテ落ち着きません。

第2章　応用試験（聴解）

ウォーミングアップ

練習 1

⇒解答・解説は P.165　　TR 035-045

これから読む１〜10番について、二人の発音の異なる点として最も適切なものを、選択肢a〜eの中から選んでください。なお二つ選ぶこともあります。

	例	1番	2番	3番	4番	5番	6番	7番	8番	9番	10番
a　拍の長さ	○										
b　プロミネンス											
c　アクセントの下がり目											
d　文末・句末イントネーション											
e　特殊拍の種類											

練習 2

⇒解答・解説は P.165　　TR 046-061

これから、日本語母語話者が学習者の発音上の問題点を言い直します。学習者の発音上の問題点として最も適当なものを、選択肢a〜fと口腔断面図①〜⑦の中から選んでください。ただし×の部分は選ばなくて構いません。なお選択肢は二つ選ぶこともあります。

	1番	2番	3番	4番	5番	6番	7番	8番
選択肢								
断面図		×				×		

	9番	10番	11番	12番	13番	14番	15番
選択肢							×
断面図	×					×	

[選択肢]

a 声帯振動　　b 調音点　　c 調音法　　d 唇の丸め　　e 舌の前後位置　　f 舌の高さ

[断面図]

① ② ③ ④ ⑤ ⑥ ⑦

練習3　→解答・解説は P.166　TR 062-072

これから聞く日本語学習者の日本語には、発音やプロソディーなどのさまざまな誤りが含まれています。それぞれ下線を引いた部分について発話の誤りがどのようになっているか、あるいは、その誤りが何の誤りかについて、最も適当なものを、選択肢A、B、C、Dの中から一つ選んでください。

1番　<u>スペイン料理</u>が大好きです。

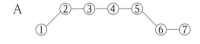　

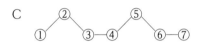　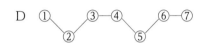

2番　テーブルが<u>半円形</u>をしていました。

3番　全部で<u>900人</u>集まりました。

A　キュウヒャク\ニン
B　キュウヒャ\クニン
C　キュウ\ヒャクニン
D　キュ\ウヒャクニン

4番　あの人は<u>エコロジスト</u>の先駆けです。

A　調音点と調音法　　　　B　唇の丸めの有無
C　舌の前後位置　　　　　D　舌の高さ

5番　キャンセル待ちが大勢います。

    A　平板型のアクセントで発音されている
    B　頭高型のアクセントになっている。
    C　尾高型のアクセントで発音されている。
    D　中高型のアクセントになっている。

6番　ずっと前から楽しみにしていました。

    A　声帯振動の有無　　　　　　B　調音点
    C　調音法　　　　　　　　　　D　調音点と調音法

7番　私には妹が二人います。

    A　中高型のアクセントの語を平板型で発音している。
    B　尾高型のアクセントの語を平板型で発音している。
    C　頭高型のアクセントの語を平板型で発音している。
    D　平板型のアクセントの語を尾高型で発音している。

8番　今夜お月見をします。

    A　撥音が脱落し全く発音されていない。
    B　撥音が口蓋垂鼻音で発音されている。
    C　撥音が歯茎硬口蓋鼻音で発音されている。
    D　撥音が鼻母音で発音されている。

9番　京都はいつも観光客が多いです。

    A　拍の長さ　　　　　　　　　B　プロミネンス
    C　句末・文末イントネーション　　D　特殊拍の種類

10番　どのキャラが好きですか。

    A　拍の長さ　　　　　　　　　B　プロミネンス
    C　句末・文末イントネーション　　D　特殊拍の種類

応用試験（聴解）　練習問題

練習 1

1番＝ c　　　　**2番**＝ e　　　**3番**＝ b　　　　**4番**＝ d　　　**5番**＝ a
6番＝ c、e　　　**7番**＝ b　　　**8番**＝ a、c　　**9番**＝ c　　　**10番**＝ b、d

例　これがチズですか／これがチーズですか。
1番　木の ハ シ ガ折れた。／木の ハ シ ガ折れた。
2番　コンキ は黒字です。／コーキ は黒字です。
3番　太郎も 来たの ？／ 太郎も 来たの？
4番　まだですか？↑／まだですか。↓
5番　コハンですか。／コーハンですか。
6番　 カ ッキがありますね。／ カ ンキがありますね。
7番　 どこまで 行くんですか？／どこまで 行くんですか ？
8番　 シ キが魅力です。／ シ ッキが魅力です。
9番　 ラン ド セル は何色でしたか？／ ラン ド セル は何色でしたか？
10番　先生も 来るんですか ？↑／ 先生も 来るんですか。↓

練習 2

1番＝ c ④　　　　**2番**＝ a ×　　　**3番**＝ b ⑤　　　**4番**＝ c ③　　　**5番**＝ b ④
6番＝ f ×　　　　**7番**＝ c ①　　　**8番**＝ b ④　　　**9番**＝ d、f ×　　**10番**＝ b ⑥
11番＝ a、c ⑤　**12番**＝ b、c ③　**13番**＝ c ②　　**14番**＝ e ×　　**15番**＝ × ②

	学習者（誤）	日本語教師（正）	共通点
1番	チンゴウ（破擦音）	しんごう（摩擦音）	無声　歯茎硬口蓋
2番	カデイ（有声）	かてい（無声）	歯茎　破裂音
3番	アスィタ（歯茎）	あした（歯茎硬口蓋）	無声　摩擦音
4番	シンダイ（破裂音）	しんらい（はじき音）	有声　歯茎
5番	ジャッシ（歯茎硬口蓋）	ざっし（歯茎）	有声　破擦音
6番	イキデン（高母音）	えきでん（中母音）	非円唇　前舌
7番	マモロシ（鼻音）	まぼろし（破裂音）	有声　両唇
8番	シチュモン（歯茎硬口蓋）	しつもん（歯茎）	無声　破擦
9番	オミガメ（円唇中母音）	うみがめ（非円唇高母音）	後舌
10番	シュウジ（歯茎硬口蓋）	すうじ（歯茎）	無声　摩擦

11番　サシキ(無声　摩擦音)	ざしき(有声　破擦音)	歯茎
12番　ゾウキ(歯茎　破擦音)	ようき(硬口蓋　半母音)	有声
13番　ノウソク(鼻音)	ろうそく(はじき音)	有声　歯茎
14番　ゲシク(前舌)	げしゅく(後舌)	非円唇　高母音
15番　セネン(歯茎　鼻音)	せんえん(鼻母音)	×

練習3

1番＝C　　**2番**＝D　　**3番**＝B　　**4番**＝D　　**5番**＝C

6番＝B　　**7番**＝B　　**8番**＝C　　**9番**＝D　　**10番**＝B

1番　スペインリョ－リが大好きです。
　　スペイン料理(スペインリョ－リ)を2語のように(スペインリョ－リ)と発音している。

2番　テーブルがハネンケイ（半円形）をしていました。
　　母音の前なので鼻母音で発音される「半円形(ハンエンケイ)」の撥音(ン)を「歯茎鼻音」で発音しているため次の母音といっしょに「ハネンケイ」のように発音してる。
　　断面図：A口蓋垂鼻音　　　　B歯茎硬口蓋鼻音　　　　C歯茎摩擦音　　　　D歯茎鼻音

3番　全部でキュウヒャクニン集まりました。
　　「900人(キュウヒャクニン)」を「キュウヒャクニン」というアクセントで発音している。アクセントの表記には『NHK日本語発音アクセント新辞典』を含め多くの辞書が音の下がり目(アクセント核)のみを表示するようになっている。

4番　あの人はイコロジストの先駆けです。
　　「エコロジスト」の非円唇前舌中母音「エ」を舌の高さが高くなった非円唇前舌狭母音「イ」のように発音している。

5番　キャンセル待ちが(キャンセルマチガ)大勢います。
　　平板型の「キャンセルマチガ」を尾高型の「キャンセルマチガ」と発音している。

6番　ジュット前から楽しみにしていました。
　　「ずっと」の「ズ」の子音(有声歯茎破擦音)を口蓋化して調音点が口の奥にずれた、有声歯茎硬口蓋破擦音で「ジュ」のように発音している。

7番　私にはイモートガ　二人います。
　　「妹(イモート)」は尾高型のアクセントなので助詞が「低」(イモートガ)になるが、平板型で「イモートガ」のように助詞も「高」のまま発音している。

8番 コニャ(今夜)お月見をします。

半母音(接近音)の前なので鼻母音で発音される「今夜(コンヤ)」の撥音(ン)が歯茎硬口蓋鼻音になっているため、次の母音と一緒に「コニャ」のように発音している。

9番 京都はいつもカーコーキャク(観光客)が多いです。

「観光客(カンコーキャク)」の撥音「ン」を引く音で「カーコーキャク」と発音している。

10番 どのキャラが 好きですか 。

疑問詞にプロミネンスを置くべきだが、イエス・ノー疑問文のように述語にプロミネンスが置かれている。

問題1

⇒解答・解説は P.178　⏷ TR 073-093

　これから聞く日本語学習者の日本語には、発音、語彙、文法、談話などのさまざまな誤りが含まれています。それぞれの発話の誤りがどのようになっているか、あるいは、その誤りが何の誤りかについて、最も適当なものを、選択肢A、B、C、Dの中から一つ選んでください。

例

A　名詞と動詞の混同
Ⓑ　名詞とナ形容詞の混同
C　ナ形容詞と副詞の混同
D　イ形容詞とナ形容詞の混同

1番
A　副詞と動詞の混同
B　名詞と動詞の混同
C　形容詞と動詞の混同
D　イ形容詞とナ形容詞の混同

2番
A　転音している
B　音位転換している
C　連濁していない
D　連声していない

3番
A　副詞の誤り
B　アスペクトの誤り
C　モダリティの誤り
D　ヴォイスの誤り

4番
A　可能形の誤り
B　受け身形の誤り
C　使役形の誤り
D　副詞の誤り

5番	A	可能形の誤り	B	受け身形の誤り
	C	授受表現の誤り	D	原因の表現の誤り

6番	A	理由の表現の誤り	B	変化の表現の誤り
	C	可能形の誤り	D	副詞の誤り

7番	A	謙譲表現の誤り	B	尊敬表現の誤り
	C	慣用表現の誤り	D	条件表現の誤り

8番	A	動詞の命令形の誤り	B	動詞の可能形の誤り
	C	動詞の受け身形の誤り	D	動詞の否定形の誤り

9番	A	格助詞の誤り	B	接続詞の誤り
	C	動詞の形の誤り	D	副詞の誤り

10番	A	動詞の活用の誤り	B	形容詞の活用の誤り
	C	助詞の誤り	D	アスペクトの誤り

11番	A	ノミ\モノガ	B	ノ/ミモノガ
	C	ノ\ミモノガ	D	ノ/ミ\モノガ

12番	A	ヤ/オ\ヤデ/ス\イカヲ	B	ヤ/オヤ\デス/イカ\ヲ
	C	ヤ\オヤデス/イカヲ	D	ヤ\オヤデ/スイカ\ヲ

13番	A	カ\エルノコハ/カ\エル	B	カ\エルノ/コ\ハ/カ\エル
	C	カ/エルノ\コハカ/エ\ル	D	カ/エルノコハカ\エル

14番	A	チ\カラシ/ゴトガ	B	チカ\ラシ/ゴト\ガ
	C	チ/カラ\シ/ゴト\ガ	D	チ/カラシゴ\トガ

15番　　A　アスペクトの誤り　　　　　　B　ダイクシスの誤り

　　　　　C　メトニミーの誤り　　　　　　D　コロケーションの誤り

16番　　A　アクセントの下がり目

　　　　　B　アクセントの下がり目と句末・文末イントネーション

　　　　　C　プロミネンスとポーズの位置

　　　　　D　句末・文末イントネーションとプロミネンス

17番　　A　拍の長さ（特殊拍の挿入）　　B　アクセントの下がり目

　　　　　C　特殊拍の位置　　　　　　　　D　特殊拍の種類

18番　　A　　　　　　　　B　　　　　　　　C　　　　　　　　D

19番　　A　　　　　　　　B　　　　　　　　C　　　　　　　　D

20番　　A　声帯振動　　　　　　　　　B　調音点と調音法

　　　　　C　調音点　　　　　　　　　　D　調音法

⇨解答・解説は P.181　🔽TR 094-104

　これから、教室での教師と日本語学習者のやり取りなどを聞きます。それぞれについて、問いが複数あります。それぞれの問いの答えとして最も適当なものを、選択肢A、B、C、Dの中から一つ選んでください。（この問題には例がありません。）

1番

問1　教師の指導前の学習者の発音上の問題点は、次のうちどれですか。

A　促音の脱落
B　撥音(はつおん)の脱落
C　特殊拍の位置
D　特殊拍の種類

問2　教師の指導の後、言い直した学習者の問題点は、次のうちどれですか。

A　促音の脱落
B　撥音の脱落
C　特殊拍の位置
D　特殊拍の種類

2番

問1　この学習者の発音の特徴は、次のうちどれですか。

A　外来語を原語で発音している。
B　撥音を抜かして発音している。
C　引く音を含む音節を母音連続で発音している。
D　引く音を含む音節を短母音で発音し1拍になっている。

問2　上記以外でこの学習者が直すべきことは、次のうちどれですか。

A　プロミネンス
B　ポーズの位置
C　アクセント
D　イントネーション

3番

問1　この学習者の発話に見られる発音上の問題点は、次のうちどれですか。

A　声帯振動の有無
B　調音点
C　調音法
D　舌の高さ

問2　この学習者の発話に見られる、その他の問題点は何に関するものですか。

A　拍の長さ　　　　　　B　特殊拍の種類
C　アクセントの下がり目　D　句末イントネーション

4番
問1　この学習者の発話に顕著に観察される問題点は、次のうちどれですか。

A　アクセントが平板型になっている。
B　アクセントが頭高になっている。
C　プロミネンスが文の最初の語に置かれている。
D　プロミネンスが助詞に置かれている。

問2　教師の発音指導の問題点は次のうちどれですか。

A　アクセントを誤って示している。
B　自然発話にないティーチャー・トークが顕著である。
C　学習者の発音が直っていないのに、次の語の指導に移っている。
D　後続拍を含めた指導を行っていない。

5番
問1　学習者の発話に観察される問題点として、当てはまらないものは、次のうちどれですか。

A　声帯振動の有無　　　B　拍の長さ
C　アクセントの下がり目　D　単音の調音法の誤り

問2　教師の指導法に見られる特徴は、次のうちどれですか。

A　自然な読み方で語を提示している。
B　形態素ごとに区切って語を提示している。
C　拍ごとに区切って語を提示している。
D　音節を考慮し基本的に2拍に区切って語を提示している。

6番

問1 この学習者の発話に繰り返し見られる発音の誤りと同様の誤りは、次のうちどれですか。

A 「ゆき(雪)」を「ゆうき」と発音する。
B 「とおく(遠く)」を「とく」と発音する。
C 「がっき(楽器)」を「がき」と発音する。
D 「せんとう(先頭)」を「せんど」と発音する。

問2 この学習者の発話に観察される文法的な問題点は、次のうちどれですか。

A 受け身表現の不適切な使用　B 使役表現の不適切な使用
C 接続詞の不適切な使用　　　D 他動詞の不適切な使用

7番

問1 この男子留学生の発話の特徴は次のうちどれですか。

A 格助詞を使用していない。
B 終助詞を使用していない。
C 理解できていない言葉を繰り返している。
D フィラーを多用している。

問2 この女子学生の発話の特徴として当てはまらないものは次のうちどれですか。

A 上昇イントネーションを多用している。
B 終助詞を多用している。
C 婉曲的な表現を使用していない。
D 相手が理解していることを確認しながら話している。

8番

問1 この外国人旅行者が使っていないコミュニケーションストラテジーは、次のうちどれですか。

A 理解できなかった語を繰り返す。
B 相手に再度発話するよう求める。
C 自分の理解が正しいかを確認する。
D 理解できていないということを伝える。

問2 この駅員が話をわかりやすくするために工夫した点は、次のうちどれですか。

    A　具体例を挙げた。

    B　丁寧体を普通体に言い換えた。

    C　敬語の語彙を普通の語彙に言い換えた。

    D　漢語を和語に言い換えた。

9番

問1 このような練習方法に最も関連のある教授法は、次のうちどれですか。

    A　TPR　　　　　　　　　　　　B　CLL

    C　オーディオリンガル・メソッド　　D　サイレントウェイ

問2 このような授業をするための最初の導入として<u>不適当な</u>ものはどれですか。

    A　教師が学習者全体に対し、ジェスチャーを交えながら「立ってください」「座ってください」…などと告げ、学習者全員にアクションをさせる。

    B　教師が察しのよさそうな学習者を選び、ジェスチャー交じりに「暑いですね。Sさん、窓を開けてください」…などと告げ、学習者1人にアクションをさせる。

    C　①「立っている絵」と②「椅子に座っている絵」の2枚1セットの絵カードを用意し、教師が絵カード①を見せながら「Sさん、座ってください」と言い、次に「はい」と言いながら絵カード②を見せる。逆も行う。

    D　学習者をペアにし、指示カードを配布する。それぞれのカードには「～を開けます」「～を閉めます」などの動詞が幾つか書かれており、学習者Aが一つ動詞を選んで「窓を開けます」などと言うと、学習者Bは「窓を開けてください」と言う。役割を交代しながらペアワークを行う。

10番

問1 女の人の発話に見られる現象は、次のうちどれですか。

    A　長めの文の呼応が正しくないときがある。

    B　フォーリナー・トークを使用している。

    C　スピーチレベルシフトがある。

    D　相手の質問に対して、あいまいな答え方をしている。

問2　留学生の発話の特徴は、次のうちどれですか。

　　　A　終助詞を多用している。
　　　B　フォリナートークを使用している。
　　　C　スピーチレベルシフトがある。
　　　D　理解できない言葉を繰り返している。

問題3

⇒解答・解説は P.187　　🔽 TR 105-108

　これから、日本語学習者向けの聴解教材などを聞きます。それぞれについて、問いが複数あります。それぞれの問いの答えとして最も適当なものを、選択肢A、B、C、Dの中から一つ選んでください。（この問題には例がありません。）

1番

聴解問題（1）
（音声のみの聞き取り問題です。）

問1　この聴解問題が測ろうとしているのは、次のうちどれですか。

　　　A　特定の情報を素早く収集する力
　　　B　内容全体を理解する力
　　　C　現れていない発話の意図を推測する力
　　　D　このような内容に独特な専門用語を推測する力

問2　この聴解活動の後に行うタスクとして不適当なものは次のうちどれですか。

　　　A　グループで、「200万円ずつ３回だまし取られた場合」「50万円ずつ６回だまし取られた場合」…などと設定し、どのぐらいの金額になるかを計算して発表する。
　　　B　教師が準備しておいた実際のおれおれ詐欺事件の新聞記事を読む。
　　　C　おれおれ詐欺への対処の仕方を学習者が各自でネット検索をして集め、発表する。
　　　D　詐欺役とお年寄り役になってロールプレイをする。

2番

聴解問題(2)
（音声のみの聞き取り問題です。）

問1　この聴解問題が測ろうとしているのは、次のうちどれですか。

A　特定の情報を素早く収集する力
B　内容全体を理解する力
C　敬語表現を正確に理解する力
D　言語で表現されているのとは異なる含意を理解する力

問2　この問題を中級レベルの聴解練習として用いる場合、改善すべき点があります。それは次のうちどれですか。

A　縮約形が多用されている。
B　突然スピーチレベルのシフトが出現する。
C　食材の名称を知らなければ正解できない。
D　選択肢の中から正解が特定できない。

3番

聴解問題（3）

素材	赤い布張り	茶色のレザー	緑のプラスチック	黒い布張り
ひじ掛け	あり	あり	なし	なし
値段	80,000 円	58,000 円	2,500 円	16,000 円

問1 この聴解問題は中級学習者を対象としたものですが、幾つか改善すべき点があります。改善する必要のないことは、次のうちどれですか。

A 最後まで聞いても正答が特定できないこと。
B 会話の内容に表の情報が必ずしも反映されていないこと。
C 同じ文型が繰り返し出現すること。
D 提示されている値段が聴解問題の内容理解の助けにならないこと。

問2 中級の授業でこの聴解問題を扱った後に行う活動として最も適当なものは、次のうちどれですか。

A 片仮名語のディクテーションを行う。
B 大きな金額の値段の読み方を練習する。
C スクリプトを配り、二人の会話を丁寧体(デスマス体)に直して練習する。
D 各人の国の自宅での食卓・椅子の形状や食事風景を紹介し合う。

応用試験（聴解）　演習問題

> 問題 1　　学習者の誤りを指摘する問題

1番＝C	2番＝B	3番＝B	4番＝A	5番＝C	6番＝B	7番＝D
8番＝A	9番＝C	10番＝C	11番＝B	12番＝A	13番＝D	14番＝C
15番＝B	16番＝D	17番＝A	18番＝A	19番＝B	20番＝D	

例）　病気な時は寝た方がいいですよ。

1番　彼は山田さんとは違くて、とても親切です。
　　　学習者は「違う」という動詞を「違い」という形容詞として捉え、テ形を「あまい⇒あまくて」のように「ちがい⇒ちがくて」としている。これは動詞を形容詞型に活用させた誤用であるが、若い日本語話者の間でもよく聞かれる。また、若者のくだけた会話の中で[ai]で終わる形容詞の音変化（「でかい⇒でけー」「うまい⇒うめー」）がよく聞かれるが、それと同じルールで「ちがい⇒ちげー」と変化した発音もよく聞かれ、若者同士のカジュアルな使用の場合は、動詞「違う」が活用面からも音変化の面からも形容詞的(違い)に誤用されている現象が見られる。

2番　テベリを見ていたら、眠ってしまいました。
　　　音位転換とは単語の中で音素の交代が生じること。幼児の発音によく見られる現象。ここでは/r/と/b/が入れ替わっている。ほかに「とうろもこし(とうもろこし)」「おひぬれ(おひるね)」「どぼろー(泥棒)」など。「ふいんき」に至っては、こちらが正用だと主張する若者も増えているようだが、雰囲気という漢字を見れば「ふんいき」が正用であることは一目瞭然である。しかし、「あらたし」が「あたらし」と誤用され定着してしまったという歴史的現象もあり、「ふいんき」も今後の歴史の流れによっては、正用の座を侵してくる可能性を完全に否定することはできないのかもしれない。

3番　日本の生活習慣については、あんまりよく知っていません。
　　　「知る」という動詞を使った質問文は「〜を知っていますか」であり、それに対する答えは「はい、知っています」「いいえ、知りません」であって、肯定表現と否定表現のアスペクトの形が不一致となる。

4番　多分、明日のパーティーは行けれると思います。
　　　Ⅰグループ動詞の可能形は、辞書形の末尾の母音uをeruに変えて作る：iku→ikeru。Ⅱグループ動詞の可能形は、辞書形の末尾の母音uをareruに変えて作る：taberu→taberareru(可能形の作り方の説明には、ほかに五十音図を使う方法などもある)。この学習者は、既に可能形

（Ⅱグループ動詞）になっている「行ける」をさらにⅠグループ動詞の作り方で可能形にしている。このように余計な「れ」が加わった形を「れ足す言葉」という。「ら抜き」と同様、東京語としては若者言葉であるが、もともと方言として存在している地方もある。

5番　先生が教えていただいたおかげで、とてもよいレポートが書けました。
「先生が教えてくださった」とすべきところを「…いただいた」と言っているので、授受表現の誤りである。あるいは、今回の選択肢にはないが「助詞の間違い」として「が」を「に」に訂正するという問題もあり得る。この誤用はテレビなどで識者を含む多くの母語話者にもよく見られ、筆者は常日ごろから気になって仕方がない。

6番　がんばって勉強したので、漢字がずいぶんたくさん読めることになりました。
「ようになる」という変化の表現を使用すべきところ、「ことになる」という決定の表現を用いている。

7番　山田さんにお会いになると、よろしくお伝えください。
「お会いになったら」が正しい。接続助詞「と」の後件は、意志を表すものや依頼の表現などは不可。「砂糖を入れると甘くなる」のように、後件には、話し手がコントロールできないような現象や、科学実験の結果のように必ずそうなる事象が来る。

8番　食べれと言われても食べられないものは食べられません。
「食べる」の命令形が「食べれ」である地方では方言としては正しいが、日本語教育文法としては誤用であり、「食べろ」が正用。なお、Ⅱグループ動詞（例：食べる）の可能形（例：食べられる）の「ら抜き」（例：食べれる）は、昨今はかなり定着しているようで、会話では（受け身形との区別を無意識的にも意図するからか）ら抜きを耳にすることのほうが多くなったように思えるが、きちんとした文書などにおける使用にはいまだ適さない。

9番　一生懸命頑張りますから、そのプロジェクト、私にも参加していただけませんか。
正用「参加させていただけませんか」の使役形になるべき部分が「参加していただけませんか」となっている。参加する動作主は、前者は話し手、後者は聞き手。「私にも」があるので、自分が参加したいという意思を表明しており、前者が正しい。

10番　彼がベトナムに帰っている間に、寂しくて仕方ありません。
「子どもが寝ている間に洗濯をしてしまおう」「日本にいる間に一度は京都へ行ってみたい」のように、「間に」の後件は、前件の生じている時間内に単発的に終わらせる短い行動でなければならない。それに対して「子どもが寝ている間、ずっと本を読んでいた」「日本にいる間、山田さんのお宅に泊まっていた」のように、「間」の後件は、前件が生じている間中満たされるもの、「ずっと」という副詞を加えても違和感のないものが来る。従って、余計な助詞「に」が付いているということで、答えはCである。もし、「彼がベトナムに帰る間、寂しくて仕方ありません」という問題だったら、正解はDとなる。

11番　あそこにノ／ミモノガ(飲み物が)あります。

アクセント問題を解く場合、音声が始まる前に選択肢を眺め、まず1拍目から2拍目が上がっている(B・D)のか下がっている(C)のか、あるいは日本語に存在しない形の1・2拍同ピッチ(A)なのかで選択肢を素早くグルーピングしてほしい。学習者は最初の2拍を低高と発音しているので、B・Dグループに絞られる。Dでは3拍目ですぐに下がるが、学習者はずっと高を維持しているので、答えはB。このような聞き取り練習をするのはもちろんだが、選択肢を声に出してこの通り発音する練習も普段からぜひ行っていただきたい。

12番　ヤ／オ＼ヤデ／ス＼イカ(八百屋でスイカ)を買いました。

選択肢は低高グループ(AB)と高低グループ(CD)に分けられる。学習者は低高と発音しているのでAとBに注目する。次の3拍目では低になるので、Bは破棄、Aが正解となる。

13番　カ／エルノコハカ＼エル(カエルの子はカエル)ということわざがありますか。

学習者は「蛙の子は蛙」ということわざを「蛙の子は帰る」のように発音している。冒頭の2拍は低高なので、CかD。両者とも4拍目(ノ)まで高だが、5拍目(コ)で分れる。学習者の発音では7拍目(カ)まで高が続くので、Dが正解である。

14番　彼はチ／カラ＼シ／ゴト＼ガ(力仕事が)得意です。

学習者は冒頭の1・2拍を低高と発音しているので選択肢はC・Dに絞られる。3拍目(ラ)⇒4拍目(シ)で下がっているので、Dは排除され、答えはCとなる。

15番　山田さん、左手に持っているアレは何ですか？

話し手は聞き手(山田さん)に向かって、やや遠い位置から話しかけているようだ。現場指示の指示詞を用いており、距離的に自分から遠いということで「あれ」と言っているが、聞き手の領域内にあるので「それ」を用いるのが正しい。従って、ダイクシスの誤りである。ダイクシスとは話し手と聞き手のいる場所や関係、時間などの文脈によって意味が決定する表現で、指示詞、人称、時制などがある。メトニミーとは比喩表現の一つで「換喩」とも言われ、関係の近い・深いもので表す方法。「あの人は黒帯だから強い」の「黒帯」(柔道のレベル)が一例。アスペクトとは「相」とも言い、動詞の意味内容の完了、未完了、継続、起動、反復などを表す。コロケーションは「風邪を」と「ひく」のように語句の自然な組み合わせのこと。

16番　そこから何が　見えますか 。↓

この文型では自然に「何が」にプロミネンスが付くはずだが、「見えますか」を強調した話し方になっている。また、文末イントネーションも疑問の上昇調にすべきところ、納得の下降調となっている。

17番　ゆうべはよっく眠れなかったんです。

「よく」という副詞の中に促音が挿入され、1拍増えている。

18番 もっと勉強<u>すぃ</u>なければなりません。

学習者は「しなければ」の「し」を [si] のように言っている。この場合、舌先が上の歯茎に近い所に接近している。従ってそのときの学習者の発音上の問題点はおおむねＡのようになる。ちなみに、選択肢Ｂは歯茎破裂音／破擦音、Ｃは硬口蓋摩擦音、Ｄは両唇摩擦音の図。

19番 <u>ちゅ</u>まらないことを気にしないでください。

学習者は、「ツ」（子音部分は歯茎破擦音／選択肢Ａ）で発音すべきところ、「チュ」（子音部分は歯茎硬口蓋破擦音／選択肢Ｂ）で発音している。ちなみに、選択肢Ｃは歯茎摩擦音、Ｄは歯茎硬口蓋摩擦音の図。

20番 全然し<u>な</u>なかったんです。

中国南方方言話者や四川省出身の学習者ではナ行音・ラ行音の混同が見られる。[ɾ] は有声歯茎はじき音、[n] は有声歯茎鼻音で、調音法が異なる。

(問題2)　　**学習者と日本語母語話者の会話などについて答える問題**

1番　問1＝Ｄ　問2＝Ａ　　2番　問1＝Ｃ　問2＝Ｄ　　3番　問1＝Ｂ　問2＝Ｃ
4番　問1＝Ｂ　問2＝Ｄ　　5番　問1＝Ｄ　問2＝Ｄ　　6番　問1＝Ｂ　問2＝Ｂ
7番　問1＝Ｃ　問2＝Ｄ　　8番　問1＝Ｃ　問2＝Ａ　　9番　問1＝Ｃ　問2＝Ｄ
10番　問1＝Ｃ　問2＝Ａ

1番
問1　「カップ」の促音を引く音で「カープ」と発音している。
問2　「カプ」と促音が抜けた誤用になっている。

［スクリプト］
教　師：あれ、どうかしたの？
学習者：先生、お気に入りのカープが…。
教　師：あ、負けちゃったのかな、野球好きなの？
学習者：え、あの、割っちゃったんです。
教　師：ああ、カップね。カープじゃなくてカップ。
学習者：カープ、昨日洗ってて、落としたら割れちゃったんです。
教　師：そうなの。それは残念ね。それから、いい？　カープじゃなくて「カ」「ッ（ポーズ）」「プ」ですよ。
学習者：はい。カプが割れちゃったんです。

2番

問1　「チイズケイキ、ショオトケイキ、コオチャ、コオヒイ」など、引く音を短母音の連続で発音している。

問2　選択疑問文の文末イントネーションが全て下降調になっているなど、イントネーションを適宜修正する必要がある。

［スクリプト］

学習者：先生はどちらがいいですか。↑　チイズケイキですか、↑　ショオトケイキですか。↓

教　師：えっと…何ケーキか何ケーキでしたっけ。

学習者：チイズケイキか、ショオトケイキです。

教　師：ああ、それではチーズケーキをお願いします。

学習者：はい、飲み物は紅茶（コオチャ）ですか、↑　コオヒイですか。↓

教　師：キムさんはどっちにするの。↑　紅茶ですか、↑　コーヒーですか。↑

学習者：私は紅茶（コオチャ）にします。先生はどうしますか。

教　師：じゃあ私も紅茶で。

3番

問1　学習者は「通学」の「ツ」の子音（無声歯茎破擦音）を口蓋化して調音点が口の奥にずれ「歯茎硬口蓋破擦音」で「チュ」と発音している。

問2　学習者は平板型アクセントの「通学（ツ￣ーガク）」を頭高で「ツ￣ガク」と発音している。

［スクリプト］

教　師：イさん、学校へは何で来ていますか。

学習者：チュ￣ーガク（通学）は毎日自転車です。

教　師：中学？　中学の時じゃなくて、今は？

学習者：え、毎日自転車でチュ￣ーガク（通学）しています。

教　師：ああ、「通学（ツ￣ーガク）」ね。「チュー」じゃなくて「ツー」、「ツ￣ーガク」ですよ。

学習者：あ、あ、「ツー…ツー…ツ￣ーガク」。

教　師：そう、そう、でもよく聞いて、「ツ￣ーガク、ツ￣ーガク」。

4番

問1　「タ￣イヤキ、カ￣タチ、ナ￣カミ、ジ￣ブン」などのように誤って頭高型で発音されている。

問2　「タ￣イヤキ（ガ）、タ￣コヤキ（ガ）」のように平板型の語は助詞も高い音になる。教師は指導の際に「タ￣イヤキ、タ￣コヤキ」というように、後続拍の助詞を欠いた名詞のみの形で示している。これではアクセントの型が尾高型なのか平板型なのかが示されないため、学習者は誤った「尾高型」で発音している。

［スクリプト］

教　師：日本のもので、何か気になっていることはありますか。

学習者：たい焼き（タイヤキ）は形（カタチ）がたい（タイ）で中身（ナカミ）はあんこです。

教　師：そうですね。丸い形のものは「大判焼き」ですね。

学習者：でも、たこ焼き（タコヤキ）は形（カタチ）がタコ（タコ）ではなくて中身（ナカミ）がタコ（タコ）ですね。

教　師：面白いことに気が付きましたね。でも発音は「タイヤキ、タコヤキ」ですよ。「タイヤキ、タコヤキ」。

学習者：「タイヤキ、タコヤキ」、「タイヤキ、タコヤキ」。

教　師：そう、あと「カタチ」「カタチ」、と「ナカミ」「ナカミ」。

学習者：「カタチ」「ナカミ」。いつか作って食べてみたいです。

教　師：たこ焼きなら家でも作れますよ。たい焼きはちょっとね。

学習者：じゃあ、たい焼きが（タイヤキガ）無理なら、たこ焼きが（タコヤキガ）作りたいです。

教　師：じゃあ今度学校でたこ焼きパーティー、タコパを企画しましょう。

5番

問1　教師が指摘したのは「拍の長さ」である。それ以外に「カンゴク、ワダシ、イギ、ダイスギ」など語中で有声化して「声帯振動の有無」に問題点があり、さらに「シュージン、カンゴク、ディズニランド」などアクセントにも誤りがある。ただし特に単音の調音法に関する誤りは無い。

問2　特殊拍に問題があることもあり、日本語の自然な発話でのリズム単位である2拍のまとまり（フット）を基にした区切りで語を提示している。

［スクリプト］

学習者：今、主人（シュージン）は韓国（カンゴク）に行っているので、私（ワダシ）と息子でディズニーランド（ディズニランド）に行き（イギ）ました。息子はミッキーマウス（ミキマウス）が大好き（ダイズギ）で大喜び（オヨロゴビ）でした。

教　師：そうですか。良かったですね。楽しかったんですね。でも少し気を付けましょう。「主人は」ですね。「シュージン」ではありません。あと「ディズニーランド」「ミッキーマウス」です。言ってみましょう。「シュ・ジン」

学習者：シュ・ジン

教　師：ディズ・ニー・ラン・ド

学習者：ディズ・ニー・ラン・ド

教　師：ミッ・キー・マウ・ス

学習者：ミッ・キー・マウ・ス

6番

問1　「お父さん」「親しい」「どうして」「敬語」に含まれる長音が全て発音されていない。

問2　「大事にされて」「直されました」と受け身にすべきところと、「使わなければ」と言うべきところに、使役表現が用いられている。

[スクリプト]

女　　　：留学生が日本の生活についてスピーチをしています。

留学生：僕は日本の家庭にhome stayしています。Host familyは優しくて、僕はとても大事にさせています。ほんとの家族みたいです。だから、一つだけ理解できないことがあります。僕は初対面の時、オ├サン(お父さん)に、「オ├サン、僕はJakeだ。よろしくな」とあいさつしたら、言葉遣いを直させました。日本ではシタシ(親しい)人や家族にはケゴ(敬語)を使わないと聞きましたが、ド┐シテ(どうして)大好きなオ├サンにケゴを使わせなければならないんですか。僕はとても不思議です。

7番

問1　留学生は格助詞をきちんと発音しており、終助詞「ね」や「か」を使用しているが多用というほどではなく、フィラーは使用していない。女子学生の話の中で理解できていない言葉をその都度繰り返しているが、女子学生は一向に無頓着な様子。

問2　A～Cはこの女子学生の発話に見られる特徴だが、留学生のストラテジーに気づく様子もなくDをせずにどんどん話し続けている。

[スクリプト]

男　　　：男の留学生が日本人の友達の家で新しいペットを見ています。最初に話すのは留学生です。
　　　　　（犬のキュンキュン鳴く声）

留学生：へー、この子がコロちゃんですか。

日本人：うん。かわいいでしょ。↑

留学生：こういう犬は高いですね。

日本人：あ、この子、ペットショップで買ったんじゃないのよ、↑　無料よ、↑　保護犬なのよ。↑

留学生：ホゴケン？　何ですか？

日本人：飼い主が高齢になったり病気になったりして手放さなくちゃならなくなった犬を動物愛護団体が引き取ってね、↑　新しい飼い主とマッチングするのよ。↑

留学生：動物アイ…？

日本人：この子もうちで1週間トライアルして相性が良かったから↑　うちの子になれたのよ。↑

留学生：アイショウ…？

日本人：ケージもごはん用のカップもね、↑　お水のボトルもね、↑　全部その団体がプレゼントしてくれたのよ。↑

留学生：それはうれしいですね。ペットを飼うときは、そこからもらったほうがいいです。

日本人：うん。私ね↑　ペットショップみたいに↑　生き物を扱うお店は全部廃業したらいいと

思ってるんだ。↑

留学生：ハイギョウ…？

日本人：リンさんだって、もちろんそう思うでしょ？↑

8番

問1 駅員の発話の中に旅行者の知らない言葉が少なからず現れるが、Aは2回、B・Dは1回ずつ行っている。駅員の「網棚に」以下の発話に対して、はっきり「わかりません」と言いつつも、むしろ自分の側の言いたいことを話している。

問2 駅員はフォリナートークを意識的にも無意識的にも使ってはおらず、B以下の工夫はなされていないが、「どちらで紛失…」を再度言うよう頼まれた際、場所を具体的に挙げて質問しなおしているのと、何両目か尋ねた後に「1番前とか、2番目とか」と具体例を挙げていることがかなり理解の助けになったようだ。

［スクリプト］

女　　　：地下鉄の駅の事務所で、男の駅員と女の外国人旅行者が話しています。最初に話すのは外国人旅行者です。

旅行者：すみません、荷物、ありません。

駅　員：紛失ですか。何を紛失なさったのでしょうか。

旅行者：ふんし…何を、ああ、紙袋です。んー、その中、お土産、たくさんあります。

駅　員：どちらで紛失されましたか。

旅行者：えっ…？　すみません、もう一度…。

駅　員：電車の中で紛失されたんですか、ホームで紛失されたんですか。

旅行者：電車の中…、はい、そうです。あー、overhead rack…、んー、上、上です。

駅　員：網棚に置き忘れたということですね。

旅行者：あみ…、あー、…わかりません。私、今、新宿着きました。急いで降りました。荷物、上にあります。

駅　員：はい、わかりました。何両目だったか覚えていらっしゃいますか？　1番前とか、2番目とか？

旅行者：はい…、電車、はい、1番前です。

駅　員：1番前ですね。これから遺失物センターに電話しますので、少々お待ください。

旅行者：いしつ…？　あ、はい、電話、ありがとございます。

9番

問1 オーディオリンガル・メソッドの典型的な授業例。教師がキューを与え、学習者はコーラスで応答するという形で変形ドリルを行っている。TPRとはTotal Physical Response（トータル・フィジカル・レスポンス）の略。聞いて体で反応させる教授法で、学習者の発話は求めない。問2の選択肢AとBのやり方がこれに相当する。CLLとはCommunity Language

Learning(コミュニティー・ランゲージ・ラーニング)の略で、カウンセリングの理論と技法を言語教育に応用したもの。サイレント・ウェイとは、色付きチャートやロッドを教具として用い、教師は極力発話せず(サイレント)、学習者たちが試行錯誤しながら目標言語の規則を見つけ出していく教授法。

問2　Aは全員が体で反応し、Bは個人が反応するのを他の学習者が観察するが、両方ともTPRのやり方であり、「～てください」の意味機能を理解させる導入として用いるのは適切である。Cは学習者の役を絵カードとして提示しているが、A・Bと同様の機能である。Dは一見A～CのようなTPRのバリエーションのように見えるかもしれないが、実質はペアワークでの変形ドリルであり、導入段階で行うものではない。オーディオリンガル法の初級授業において、まだ何も習っていない状態でいきなりペアワークをさせるのは、教師の目も届かず、学習者をかなり戸惑わせることになる。導入⇒全体練習⇒ペア練習という流れにすべきである。

［スクリプト］
女　：日本語学校で、先生が絵カードを見せながら授業をしています。
教師：食べます。
学生(コーラス)：食べてください。
教師：見ます。
学生(コーラス)：見てください。
教師：着ます。
学生(コーラス)：着てください。
教師：寝ます。
学生(コーラス)：寝てください。
教師：起きます。
学生(コーラス)：起きてください。
教師：はい、いいですね。次は1グループです…(フェイドアウト)

10番

問1　呼応の誤りは特に見られない。特に留学生のためにわかり易い日本語(フォリナートーク)を使ってはおらず、自然な日本語で話している。丁寧体で話し始めるが、話が進むにつれ、普通体が交ざってくる(つまりスピーチレベルシフトが見られる)。留学生の質問に対しては、きちんと回答を与えている。

問2　留学生の発話には「ね」の多用が見られる。フォリナートークはネイティブが外国人に対して使用するもので、外国人であるこの男性には当てはまらない。留学生はスピーチレベルを変えることなく、一貫して丁寧体で話している。この学生にとって理解できない言葉は無かったか、あるいは推測して文脈を理解しているのか、大変円滑なコミュニケーションが成り立っている。

［スクリプト］
男　　：男の留学生がごみ置き場で大家さんに会って話しています。最初に話すのは留学生です。

留学生：おはようございます。

大　家：あ、リンさん、おはようございます。ごみ出しですか。

留学生：はい。今日は燃えるごみの日ですね？

大　家：そうですよ。外国の方は、特に初めのうちは慣れなくて、間違った日に違うごみを出してしまうことも多いけど、リンさんはいつもきちんと出してくれるから助かりますよ。

留学生：いえ、私もまだよくわからないことが多いんですね。あのう、実は昨日、貝をたくさん食べましたから、貝殻を捨てたいですね。貝殻は燃えるごみですか？

大　家：ああ、それはね、自治体によって違うんだけど、ここは燃えるごみの日に出せますよ。ほら、貝殻だってエビやカニの殻だって魚の骨だって、同じでしょ。燃やせますよ。

留学生：ああ、そうですね。でも、貝殻、とーってもたくさんありますね……。

大　家：大丈夫。うちの地区の焼却炉は火力が強いから、燃やせるのよ。

留学生：あ、はい、わかりました。ありがとうございます。

〔 問題 3 〕　学習者用聴解問題を聞いて答える問題

1番　問1＝B　問2＝A　　2番　問1＝A　問2＝D　　3番　問1＝C　問2＝D

1番

問1　答えはBの「内容全体を理解する力」、つまりスキミング力である。

問2　Bは「聞く」技能から同様の内容の読解技能へ、Cはネット検索へ、Dは「話す」技能へと発展的につなげているが、Aはお金の計算が主体なので後作業としては的を射ていない。

［スクリプト］

女：テレビで、警察の広報課の人が話しています。この人が一番言いたいことはどれですか。

男：「おれおれ詐欺」という言葉はとても有名になっていますから、皆さんご存じですね？　今この番組を見ていらっしゃる方も、ほとんどが「自分は詐欺なんかに絶対だまされない」と思っておられるでしょう。それなのに、何度もだまされて、200万円ずつ3回も取られたり、1000万円も被害に遭われたりする方が後を絶ちません。それはどうしてでしょうか。……相手はだましのプロですから、大変巧妙です。自分は孫だと言って、「風邪をひいて声が変わった」「携帯電話をなくして買い換えたから番号が変わった」というような内容の電話を何回か掛けてきます。その数日後、泣きながら「免許証を家に置き忘れた状態で交通事故を起こしてしまった。今、示談で至急200万必要」というような電話が来ると、おばあちゃん、びっくりしてパニックになっちゃいますよね。でも、お金の話が出たら、それは「詐欺」です。その瞬間、黙ってすぐに電話を切ってください。そして、息子さんや娘さんにすぐ連絡してください。お孫さんが交通事故など起こしておらず、元気なことがわかりますよ。どうか一人で判断することなく、必ず相談してください。おじいちゃん・おばあちゃんの老後のお金は、家族皆

　　で守りましょう。

女：この人が一番言いたいことは１〜４のうちどれですか。

　　1　おれおれ詐欺の存在は皆が知っている。

　　2　詐欺をする人はだましのプロだから、だまされるのは仕方がない。

　　3　誰かが電話でお金を求めたら、それは詐欺である。

　　4　お年寄りの老後のお金は家族皆で大切に使わなければいけない。

2番

問1　この問題を解くにはＡの「特定の情報（「うちの」の指す部分）を素早く収集する力」つまりスキャニング能力が必要である。

問2　縮約形が多用されているが、それは親しい者同士（夫婦）の自然な会話であり、むしろ中級の聴解教材としては望ましい。妻が会話の後半で突然スピーチレベルをシフトさせて敬語になるが、敬語は敬意ではなく親疎を表す場合があり、ここでは妻が機嫌を悪くし、急に他人行儀な言い方をして夫との心理的距離を取ったことを示唆している。本作業でインテンシブ・リスニングを行う場合は、この辺りを取り上げても面白い問題が作れるのではないだろうか。正解はＤで、夫は自分の母親の肉じゃがを「うちの」と言っているが、妻は二人で作っているのが「うちの」なのだと訂正している。それに対する夫の答え方が曖昧なので、結局どれを指すのか確定されずじまいである。ここで夫の応答を「あ、そうだよね、ごめん」などに直せば、解答が可能になり得る。スキミング力を問うならＣも問題になってくるだろうが、ここではスキャニング力を問うているので、食材がわからなくても何とか解答することができるだろう。

［スクリプト］

女：新婚夫婦が台所で料理をしながら話しています。「うちの肉じゃが」というのは、何のことですか。

妻：牛肉ＯＫ！　ジャガイモとタマネギを切った。野菜ＯＫ！　じゃあヒロくん、これを鍋に入れて。

夫：あれっ、ニンジンは？

妻：肉じゃがだもの、ニンジンは入れないよ。

夫：うちの肉じゃがは、いつもニンジンと、あとコンニャクが入ってたよ。

妻：「うちの」って、どこのよ？　私たちが今作ってるのが「うちの肉じゃが」でしょ。

夫：んー……。だけど、母さんが作った、ニンジンとコンニャクたっぷりの肉じゃが、おいしかったな。あれが「おふくろの味」っていうんだろうな。

妻：そう。お母さまのは、すてきな調味料をいろいろ入れて、味付けもしゃれていてすごくおいしいんでしょうね。私のは、この市販のたれを大さじ３杯入れるだけだから、特においしくないですけど。どうもすみませんね。はい、ひろくん、味見してみて。

夫：うん。……うわ、うまーい！　あ、これ、母さんの味だ。そういえば、このたれ……、母さんもこれで味付けしてた。

妻：ふーん、ひろくんの「おふくろの味」を再現するのは、意外と簡単なんだ。

女：「うちの肉じゃが」というのは、1〜4のうちどれですか。

1　夫の母が作った肉じゃが
2　妻の母が作った肉じゃが
3　夫婦が二人で作っている肉じゃが
4　市販のたれで味付けをされた肉じゃが

3番

問1　男性はいったん「これだ」と言っているが、その後、二人は最初に否定したゴージャスな椅子にまた目移りしており、はっきりと決めていないので、学習者は答えを選ぶことができない。また、表の情報のうち、ひじ掛けのことと値段について、および一部素材についても言及されておらず解答の手掛かりとして機能していない。従って、A・B・Dは改善する必要がある。同じ文型が繰り返し出現することには特に問題はない（条件として提示されていないが、その文型を学習した後に行う聴解練習である可能性も考えられる）。

問2　聴解活動の後作業としては、発展的で比較的自由度の高いものであってほしいのでDは好ましい。この聴解活動の流れの中で片仮名語のディクテーションを行うなら、前作業でキーワードを紹介する際に出現語彙のみについて行うか、あるいは後作業で行うなら、スクリプトを配布する際に片仮名語の部分や重要語句の部分を抜いておいて穴埋めをさせる方法は良いかもしれない。Bは、この聴解問題の内容として、値段を必要としないので論外。Cの場合は、目的が明らかにスピーチレベルの区別と練習なので、この聴解問題と絡めることは意味がなく、他の状況下で行うほうがよい。

[スクリプト]

女1：デパートの家具売り場で、若いカップルがダイニングチェアの購入について話しています。二人はどの椅子に決めましたか。

男：あっ、これかっこいい！　ゴージャス！　毎日こんな椅子に座って食事するの、いいなあ。

女2：だめだめ、こんな王様みたいな椅子。大きすぎるし、デザインも派手で落ち着かないし、掃除だって大変だし。

男：そっか。確かに掃除は大変そうだね。……あ、こっちは軽くて掃除が楽そう。積み重ねて置けるし。これにしようか。

女2：うーん、でも新婚世帯のダイニングチェアとしては、ちょっと残念じゃない？　硬くて疲れそう。

男：じゃあ、これはどう？　レザーだし、結構くつろげるし。

女2：でも、それだと、やっぱりずいぶんスペースを取るよ。それならいっそ王様の椅子のほうが……。

男：あ、ねえ、これ見て。やっぱりダイニングチェアと言ったら、これだ。

女2：そうねえ……黒の布張りのシートも落ち着いた感じだし、背もたれが木製なのもいいし。だけど、なんだか平凡ねえ。

男：うーん、やっぱり王様椅子も捨てがたいよな。

女1：二人はどの椅子に決めましたか。

試験別 対策問題　執筆者リスト（50音順）

【ウォーミングアップ、基礎試験、応用試験（読解）】

岩下真澄	福岡女子大学国際文理学部准教授
久保一美	国際基督教大学教養学部特任講師
笹栗淳子	長崎純心大学人文学部教授
澤邉裕子	東北大学高度教養教育・学生支援機構准教授
鈴木綾乃	横浜市立大学グローバル都市協力研究センター日本語担当准教授
橋本直幸	福岡女子大学国際文理学部准教授
長谷川頼子	敬愛大学国際学部准教授

【応用試験（聴解）】

猪塚元	神奈川大学非常勤講師
棚橋明美	（元）聖学院大学特任講師

日本語教員試験　まるわかりガイド

発行日	2024 年 7 月 26 日（初版）
	2024 年 9 月 16 日（第 2 刷）

企画・編集	株式会社アルク 日本語編集部、田中晴美
校閲・校正	岡田英夫、藤田百子
デザイン	洪永愛（Studio H2）
イラスト	ふるやますみ、たくわかつし
ナレーター	都さゆり、勝沼紀義
	オスカル・グラナドス、馬舒玥
録音・編集	株式会社メディアスタイリスト
DTP	株式会社秀文社、洪永愛（Studio H2）
印刷・製本	株式会社日経印刷

発行者	天野智之
発行所	株式会社アルク
	〒 141-0001　東京都品川区北品川 6-7-29
	ガーデンシティ品川御殿山
	Website: https://www.alc.co.jp/

落丁本、乱丁本は弊社にてお取り替えいたしております。
Web お問い合わせフォームにてご連絡ください。
https://www.alc.co.jp/inquiry/

訂正のお知らせなど、ご購入いただいた書籍の最新サポート情報は、以下の「製品サポート」
ページでご提供いたします。
製品サポート：https://www.alc.co.jp/usersupport/

地球人ネットワークを創る

アルクのシンボル
「地球人マーク」です。